탄생석 생성과 세공기술

차례

인사말
탄생석의 종류와 유례
귀금속세공의 기술과 유례
귀금속작업 도구

1월 - 가넷(Garnet)
  *종류
  *1월 보석에 대해서
  *반지세공 방법
  *반지세공 디자인 종류

2월 - 자수정(Amethyst)
  *종류
  *2월 보석에 대해서
  *반지세공 방법
  *반지세공 디자인 종류

3월 - 아쿠아마린(Aquamarine)
　*종류
　*3월 보석에 대해서
　*반지세공 방법
　*반지세공 디자인 종류

4월 - 다이아몬드(Diamond)
　*종류
　*4월 보석에 대해서
　*반지세공 방법
　*반지세공 디자인 종류

5월 - 에메랄드(Emerald)
　*종류
　*5월 보석에 대해서
　*반지세공 방법
　*반지세공 디자인 종류

6월 - 진주(Pearl) 또는 문세라이트(Moonstone)
　*종류
　*6월 보석에 대해서
　*반지세공 방법
　*반지세공 디자인 종류

0.7월 - 루비(Ruby)
　*종류

*7월 보석에 대해서
*반지세공 방법
*반지세공 디자인 종류

8월 - 페리도트(Peridot)
 *종류
 *8월 보석에 대해서
 *반지세공 방법
 *반지세공 디자인 종류

9월 - 사파이어(Sapphire)
 *종류
 *9월 보석에 대해서
 *반지세공 방법
 *반지세공 디자인 종류

10월 - 오팔(Opal)
 *종류
 *10월 보석에 대해서
 *반지세공 방법
 *반지세공 디자인 종류

11월 - 토파즈(Topaz) 또는 시트린(Citrine)
 *종류
 *11월 보석에 대해서
 *반지세공 방법
 *반지세공 디자인 종류

12월 - 터키석(Turquoise) 또는 청수옥(Tanzanite)

탄생석 생성과 세공기술

　　*종류
　　*12월 보석에 대해서
　　*반지세공 방법
　　*반지세공 디자인 종류
　탄생석을 통한 링 제작은
　다양한 반지 유형
　마무리

인사말

안녕하세요!
저는 36년간 귀금속 세공의 한길을 걷고 있는 세공사입니다.

헌신적이고 열정적인 귀금속 장인으로서 저는 항상 원석을 보면, 정교한 예술 작품으로 바꾸는 데 큰 기쁨을 느꼈습니다. 원석을 통해서 더욱더 자세히 보다 보면 변화가 될 수 있는 모습의 안목과 금, 은, 백금과 같은 금속의 고유한 속성에 대한 깊은 이해를 바탕으로 저는 상상력을 사로잡을 뿐만 아니라 귀중한 금속의 아름다움을 더 많은 이에게 보여 줄 수 있도록 노력하겠습니다.

어릴 때부터 저는 금속 세공의 복잡한 과정들과 재료를 조작하는 데 필요한 기술에 매료되었습니다. 오랜 시간에 걸쳐 저는 전통 기술과 현대 기술 모두에 초점을 맞춘 정규 교육과 무수한 시간의 연습을 통해 제 능력을 연마했습니다.

저는 끊임없이 변화하는 예술과 디자인의 세계에 적응하고 진화할 수 있다는 사실에 자부심을 느끼며 내 기술의 한계를 넓힐 수 있는 새로운 방법을 끊임없이 모색하였습니다.

귀금속 세공에 대한 열정은 원석의 아름다움과 가치를 높이 평가하는 사람들에게 행복과 즐거움을 가져다주고자 합니다.
작품을 만들어 전달함에서 예술과 기능의 융합이 진정으로 독특하고 의미 있는 모습으로 경험을 가능하게 하여 착용자와 예술가 사이의 연결을 형성한다고 믿고 있습니다.

탄생석 생성과 세공기술

 저는 제 작업에서 원재료와 다듬어 왔던 기술을 사용하여 최종 제품의 아름다움이 사람들의 관심을 가지도록 하기 위해 최선을 다하고 있습니다. 저의 세공 기술의 관심과 이전부터 내려오는 디자인 형태의 보존을 통해 미래에 더 낳은 제품의 디자인을 만들고자 영감을 줄 수 있기를 바랍니다.

 지금도, 귀금속 장인으로서 저의 여정은 지속적인 학습, 성장 및 탐구의 여정이었습니다. 탁원함, 창의성, 진정한 숙달 추구를 중시하는 귀금속 세공사의 일원이 된 것을 자랑스럽게 생각합니다. 저의 기술과 열정을 세상과 공유함으로써 이 특별한 귀금속 공예를 지속적으로 기여할 수 있기를 바랍니다.

박 민 수

탄생석의 종류와 유례

탄생석의 종류와 유례는 생일 또는 출생 월에 따라서 부여되는 보석들 입니다. 아래는 각 월별 탄생석의 종류입니다.

1월 - 가넷(Garnet)
2월 - 자수정(Amethyst)
3월 - 아쿠아마린(Aquamarine)
4월 - 다이아몬드(Diamond)
5월 - 에메랄드(Emerald)
6월 - 진주(Pearl) 또는 문세라이트(Moonstone)
7월 - 루비(Ruby)
8월 - 페리도트(Peridot)
9월 - 사파이어(Sapphire)
10월 - 오팔(Opal)
11월 - 토파즈(Topaz) 또는 시트린(Citrine)
12월 - 터키석(Turquoise) 또는 청수옥(Tanzanite)

다양한 문화와 지역에 따라 다를 수 있으며, 각 보석의 색상과 의미가 중요한 역할을 합니다. 탄생석 유례는 생일 선물이나 기념일 선물 등으로 인기 있는 아이디어로 현재 까지 널리 사용되고 있습니다.

탄생석은 아이의 탄생을 기념하고 축하하는 방법으로 수 세기 동안 계속 사용되고 있습니다. 보석을 선물로 주는 전통은 이집트와 로마와 같은 고대 문명으로 거슬러 올라가면 더 잘 알 수 있습니다. 그들은 보석에 다양한 효능과 효과가 있다고 믿고 있었는데, 그중에 보호 및 치유 효과가 있다고 믿었습니다.

탄생석 생성과 세공기술

고대 이집트에서는 어머니가 임신과 출산 중에 자신과 자녀를 보호하기 위해 종종 부적과 보석을 몸에 착용했다고 합니다. 이 부적과 보석은 어머니와 자녀를 보호한다고 믿고 있으며, 여신 이시스와 같은 어머니의 대표적인 여신으로 많은 사랑을 받고 있습니다.

마찬가지로 고대 로마에서는 출산하였을때, 보석을 아이의 탄생을 축하하고 보호와 행운을 제공하는 선물로 자주 사용하였습니다. 이러한 선물에는 종종 어머니와 아기를 나타내는 비문이나 기호가 있는 반지, 팔찌 및 펜던트를 주로 많이 선물하였습니다.

시간이 흐름에 따라 출생 쥬얼리의 전통은 진화하고 더욱 개인화되었습니다. 빅토리아 시대에 탄생석은 아이가 태어난 달을 상징하는 인기 있는 방법이 되었고, 반지와 펜던트와 같은 탄생석 장신구는 산모에게 그리고 아이에게 선물로 전해 주어졌습니다.

오늘날 탄생 쥬얼리는 아이의 탄생을 축하하고 어머니의 사랑을 존중할 방법중에 자주 사용하는 방법입니다. 자녀의 이름이나 생년월일이 포함되며 탄생석을 통해 다양한 제품으로 반지, 목걸이, 팔찌, 브로치, 시계 등으로 만들어진 선물을 주고 있습니다.

귀금속 세공의 기술과 유례

 귀금속 세공은 금 은 백금 및 보석의 원석으로 제품 또는 악세사리를 만드는 것을 말합니다. 금과 은은 수천 년 동안 외형의 아름다움과 강도 높은 내구성을 위해 사용되었으며 숙련된 장인들은 오랫동안 귀금속 재료로 제품과 악세사리를 만들어 왔습니다.

 귀금속 세공에는 주조, 단조, 납땜 및 조각과 같은 다양한 기술이 포함되어 있습니다. 이 모든 기술을 사용하여 보석, 동전, 조각품, 장식품 등 다양한 분야에서 사용이 되는 물건을 만들 수 있습니다.

 귀금속 중에 금과 은 그리고 백금은 아름다움 외에도 실용적인 용도도 있습니다. 우수한 전기 전도체이며 종종 전자 부품에도 사용이 됩니다. 금과 은은 독성이 없고 인간의 몸에 적합하기 때문에 치과와 의학에도 사용이 되고 있습니다.

 전반적으로 금은과 같은 귀금속 세공은 기술과 전문 지식이 필요한 유서 깊은 공예품으로 완성된다고 볼 수 있습니다. 완성된 모습은 아름다울 뿐만 아니라 다른 분야에서도 귀중한 재료로 사용될 수 있도록 만들어지기 때문에 삶을 살아가면서 매우 중요한 가치를 지니고 있습니다.

 또한 어릴 때 수공예를 만지다 보면 다양한 장점을 얻을 수 있습니다. 어릴 때 수공예를 시작한 사람 중에는 성장에도 좋은 이유로 몇 가지 발견하게 되었는데, 다음과 같이 있습니다.

탄생석 생성과 세공기술

 소근육 발달과 운동 기술 성장: 수공예 활동에는 정확성과 손재주가 필요하며 이는 어린이의 소근육 운동 기술을 향상하는 데 도움이 될 수 있습니다.

 창의력 성장 : 수공예 활동에 참여하면 아이들이 다양한 색상, 질감 및 재료를 실험하면서 창의력과 상상력을 다양하게 표현할 수 있습니다.

 인내와 고민의 성장 : 수공예 활동을 하면서 완료하는 데 시간과 노력이 필요한 경우가 많으며, 이는 어린이가 고민을 통한 인내의 가치를 배우는 데 도움이 될 수 있습니다.

 문제 해결 능력 향상 : 아이들이 수공예 활동을 진행하면서 극복해야 할 문제나 장애물에 직면할 수 있습니다. 아이들이 문제 해결 능력과 추진성을 성장시키는 것을 도와 줄 수 있습니다.

 성취감 상승 : 수공예 활동을 완료하면 긴 시간 동안만들어 온 결과물을 통해 아이들에게 성취감과 완성된 자신의 작품에 대한 자부심을 줄 수 있습니다.

 전반적으로 어릴 때 수공예를 배우는 것은 아동 발달의 다양한 측면에 도움이 될 수 있는 많은 장점을 얻을 수 있습니다.

¶귀금속 기법
 귀금속 기법에는 수공예적 기술과 산업적 기술이 모두 포함되어 있습니다. 수공예적 기술은 주로 손으로 직접 조각, 세공, 연마 등의 작업을 수행하는 기법을 말하며, 산업적 기술은 주로 기계적인 방법을 이용하여 가공하는 기술을 말하고 있습니다.

수공예적 기술 중에는 손을 사용하여 직접 금속을 세공하여 원하는 형태로 만들어 내는 'Casting'이나, 금속을 밀어내어 두께를 조절하는 'Inlay' 기법, 금속을 조각하여 장식하는 'Engraving' 기법 등이 있습니다.

산업적 기술 중에는 전자기기나 기계를 사용하여 금속을 가공하는 'Cutting' 기법, 금속을 특정한 패턴으로 선언하거나 표면에 각인하는 'Stamping' 기법, 금속을 주조하여 형태를 만들어 내는 'Casting' 기법 등이 있습니다.

귀금속, 특히 금과 은, 그리고 백금은 다양한 기술을 사용하여 가공을 할 수 있습니다. 이와 같은 기법은 다양한 효과와 표면 마감을 생성하게 됩니다.

다음은 주요 귀금속 가공 기술을 나열하였습니다.

주조(Casting) : 이 기술은 금속을 액체 상태로 녹인 다음 원하는 모양을 만들기 위해 특수 금형에 부어 굳히는 방법을 말합니다. 주조는 주로 대량 생산에 사용되며 복잡한 디자인과 모양을 만들 수 있습니다.

도금(Plating) : 이 기술은 금속의 얇은 층을 다른 금속 위에 바르는 방법을 말합니다. 도금은 일반적으로 보석이나 액세서리의 외관을 개선하거나 금속의 내구성을 높이기 위해 사용됩니다. 예를 들어 실버 아이템에 골드 도금을 적용해 더욱 고급스러운 외관을 연출할 수 있습니다.

엠보싱(Embossing) : 이 기술은 금속 표면에 볼록한 무늬나 글자를 만드는 것을 포함합니다. 엠보싱은 다이로 금속을 찍거나 누르는 것

탄생석 생성과 세공기술

을 포함한 다양한 방법을 통해 완성이 될 수 있으며, 손으로 새기는 데 특화된 도구를 사용하여 작업을 할 수 있습니다.

 판화(Engraving) : 판화는 금속 표면에 디자인, 패턴 또는 레터링을 자르거나 식각하는 것을 포함합니다. 이 작업은 수동 도구나 레이저 조각 기계와 같은 기계를 사용하여 수행할 수 있습니다.

 망치질(Hammering) : 이 기술은 금속에서 질감이 있는 표면이나 독특한 모양을 만들기 위해 망치를 사용하는 것을 포함합니다. 망치질은 작품에 수공예적이고 장인적인 외관을 주기 위해 사용될 수 있습니다.

 납땜(Soldering) : 납땜은 두 개 이상의 금속 조각을 필러 금속을 사용하여 함께 접합하는 과정입니다. 솔더(땜납)로 알려진 필러 금속은 접합되는 금속보다 녹는점이 낮아 흐름을 허용하고 조각 사이에 강한 결합을 형성합니다.

 연마(Polishing) : 연마는 금속 위에 매끄럽고 빛나는 표면을 만드는 데 사용됩니다. 이 작업은 휠 연마 또는 완충 화합물과 같은 다양한 연마 화합물 및 도구를 사용하여 수행할 수 있습니다.

 스톤 설정(Stone) : 이 기술은 금속 세공물에 원석을 고정하는 것을 포함합니다. 돌을 세팅하는 방법은 프롱, 베젤, 채널, 파베 세팅 등 다양합니다.

 줄 세공(Filigree) : 필리그리는 장식적인 디자인을 만들기 위해 금속의 얇은 와이어를 비틀고 구부리는 것을 포함하는 섬세하고 복잡한 금속 가공 기술입니다. 이러한 디자인은 종종 더 크고 정교한 조각을 만들기 위해 함께 납땜 되거나 기본 금속 위에 놓여 디자인이 완성 됩니다.

 모쿠메가네(목금 기법) : 이 일본의 금속 가공 기술은 나무 알갱이와 유사한 독특한 패턴을 만들기 위해 서로 다른 금속층을 융합하는 것을 포함합니다. 그런 다음 층층이 쌓인 금속을 가공하고 조작하여 패턴을 드러냅니다.

 이 모든 것은 아름답고 독특한 보석과 예술 작품을 만들기 위해 귀금속 작업에 사용되는 많은 기술 중 일부일 뿐입니다.

 다양한 디자인을 선택할 수 있는 수많은 링 디자인 유형이 있으며 각각 고유한 스타일과 특성을 제공할 수 있습니다. 그중에서 인기 있는 링 디자인 유형은 다음과 같이 있습니다.

 솔리테어(Solitaire) : 솔리테어 링은 단일 보석(보통 다이아몬드)이 단순한 밴드에 세팅된 것이 특징입니다. 이 클래식한 디자인은 젬스톤이 중앙에 배치되어 있어서, 아름다움과 광채를 강조하도록 보여 주도록 만들어지고 있습니다.

 헤일로(Halo) : 헤일로 링은 작은 원석으로 둘러싸인 젬스톤이 중앙에 배치된 것이 특징이며, 이는 젬스톤의 외관을 향상시키고 광채를 더 보여 줄 수 있도록 해 줄 수 있습니다.

 쓰리 스톤(Three-Stone) : 이름에서 알 수 있듯이 쓰리 스톤 링은 서로 옆에 놓인 세 개의 보석을 보여줍니다. 일반적으로 큰 중앙 스톤과 두 개의 작은 스톤이 측면에 있습니다. 세 개의 스톤은 종종 관계의 과거, 현재, 미래를 상징합니다.

 클러스터(Cluster) : 클러스터 링에서는 여러 개의 작은 원석이 그

탄생석 생성과 세공기술

룹화되어 링이 더 크게 보이는 착시를 만듭니다. 이 디자인은 놀라운 시각적 효과를 낼 수 있으며 더 큰 스톤이 있는 솔리테어보다 더 저렴합니다.

파베(Pave) : 파베 링은 밴드를 따라 촘촘하게 세팅된 작은 젬스톤이 특징이며, 지속적인 반짝임을 만들어 냅니다. 이 디자인은 단독으로 사용하거나 센터 스톤과 같은 다른 디자인 요소와 함께 사용할 수 있습니다.

이터니티(Eternity) : 이터니티 링은 밴드 전체에 원석이 연속적으로 배치되어 영원한 사랑을 상징합니다. 결혼반지나 기념일 선물로 자주 사용되는 디자인 유형입니다.

빈티지/아르데코(Vintage/Artdeco) : 빈티지 또는 아르데코 반지는 복잡한 디테일, 선조 세공 및 독특한 모양이 특징인 과거 시대에서 영감을 얻습니다. 이러한 디자인은 사람들에게 낭만적이고 향수를 불러일으키는 느낌을 주고 있습니다.

베젤(Bezel) : 베젤 세팅에서 원석은 금속 테두리로 둘러싸여 있어 제자리에 단단히 고정되도록 하고 있습니다. 이 디자인은 매끄럽고 현대적인 외관을 제공하며 중앙 스톤을 추가로 보호합니다.

텐션(Tension) : 텐션 링은 금속 밴드의 압력에 의해 원석이 제자리에 고정되어 있으며, 원석이 떠 있는 듯한 착각을 불러일으킬 수 있습니다. 현대적인 디자인은 독특하고 눈길을 끄는 외관을 보어 줄 수 있습니다.

스플릿 섕크(Split Shank) : 스플릿 섕크 링은 중앙 스톤에 접근할 때 두 개 이상의 가닥으로 나뉘는 밴드가 있어 개방적이고 우아한 느낌을 줍니다.

맞춤형 반지(Customized): 정말 독특한 디자인을 원하는 사람들은 세공사와 함께 맞춤형 반지를 만드는 것을 고려해 보세요. 이 옵션을 사용하면 취향과 스타일에 가장 적합한 금속(금, 은, 백금, 합금 및 디자인 요소를 선택할 수 있습니다.

위와 같이 사용할 수 잇는 가능한 많은 링 디자인 유형의 몇 가지 예 일 뿐입니다. 반지를 선택할 때 착용자의 개인 스타일과 선호도는 물론 내구성, 보석 유형, 예산과 같은 요소를 고민하시길 바랍니다.

그중 연마에 관해 조금 더 자세히 알아보겠습니다.

보석에 광택을 내는 것은 보석의 아름다움과 광택을 향상시키는 원석 마감 공정의 중요한 단계입니다. 그것은 원석의 표면을 매끄럽게 하고 다양한 연마 화합물과 도구를 사용하여 원석을 빛나게 하는 것을 이야기합니다. 연마 공정으로 일반적으로 거친 연마부터 최종 연마까지 여러 단계로 수행됩니다.

다음은 보석의 연마 공정에 대한 개요입니다.

연마 전 준비: 연마하기 전에 원석을 원하는 모양과 크기로 잘라야 합니다. 페이싱이라고 알려진 이 과정은 내부 결함을 최소화하고 원석이 최적의 밝기를 위해 가장 좋은 각도로 빛을 반사하도록 보장합니다.

거친 연삭: 연마의 초기 단계는 거친 연마로 시작하여 주요 표면의 불규칙성과 결함을 다듬어 제거를 합니다. 이를 위해 일반적으로 다이아몬드가 함침된 연마 화합물 및 그라인딩 휠이 사용되고 있으며,

탄생석 생성과 세공기술

이 단계는 원석의 기본 형태를 만들 수 있습니다.

 중간 연삭: 거친 연삭 후, 더 미세한 연마 화합물 및 공구를 사용하여 중간 연삭을 수행합니다. 이 단계는 원석의 표면을 더욱 매끄럽게 하여 더 명확한 모양을 만들고 불규칙한 더 작은 모습을 제거 하게 됩니다.

 미세 연삭 : 중간 정도 연삭 후 더욱 미세한 연마 화합물 및 공구로 미세연삭을 실시합니다. 이 단계는 원석의 표면을 거의 완벽하게 만들어 미세한 흠집과 얼룩을 제거하고 초기의 광택 모습을 볼 수 있습니다.

 최종 연마: 연마 공정의 마지막 단계는 고품질 연마 화합물과 연마 도구를 사용하여 원석에 최종 광택을 다듬는 것입니다. 이 단계는 원석의 표면을 가장 매끄럽게 만들어 빛을 강하게 반사할 수 있게 만들어 집니다.

 광택이 나는 보석은 아름다운 빛 반사를 통해 보여 주게 되며, 보석 조각이나 원석 컬렉션의 가치와 외관을 더 아름답게 만들어 보여 줄 수 있습니다. 다양한 종류의 원석에 원하는 광택과 마감을 하기 위해 연마 기술과 장비를 사용 하게 됩니다.

 이 외에도 귀금속 기법은 다양하게 발전하여, 많은 세공사들에게 공유되고 있으며, 공유된 정보를 통해서 새로운 기술들이 지속해 개발되어 이제는 다양한 방법들이 나오고 있습니다.

귀금속 작업 도구

귀금속 작업 도구는 금, 은, 백금 및 팔라듐과 같은 귀금속 작업에 사용되는 특수 공구입니다.

이러한 도구는 금속의 연성, 연성 및 부식에 대한 저항성과 같은 고유한 특성을 처리하도록 설계되었습니다.

일반적인 귀금속 작업 공구는 다음과 같습니다.

보석 망치⑴: 머리가 더 작고 귀금속 조각을 형성하고 형성하는 데 사용됩니다. 그들은 볼펜, 추격 망치, 생가죽 망치와 같은 다양한 종류가 있습니다.

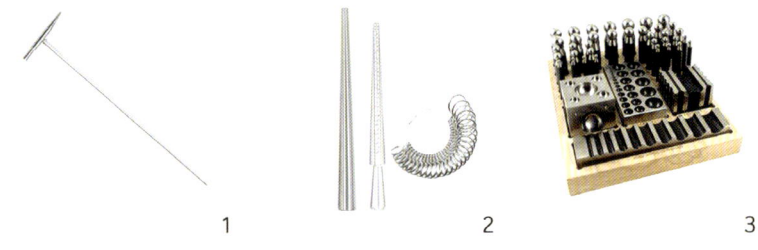

1   2   3

링 맨드릴⑵: 귀금속으로 만든 고리 모양을 만들고 크기를 조절하는 데 사용되는 테이퍼 로드입니다.

펀치 블록⑶: 귀금속 조각을 망치질하고 모양을 만드는 데 사용되는 견고하고 평평한 표면입니다. 일반적으로 금속이 손상되는 것을 방지하기 위해 강철 또는 다른 단단한 재료로 만들어집니다.

쥬얼리 플라이어⑷: 이 특수 펜치는 귀금속 와이어와 시트를 구부리고, 자르고, 모양을 만드는 데 사용됩니다. 그것들은 둥근 코, 체인 코, 납작한 코 펜치와 같은 다양한 종류로 나옵니다.

탄생석 생성과 세공기술

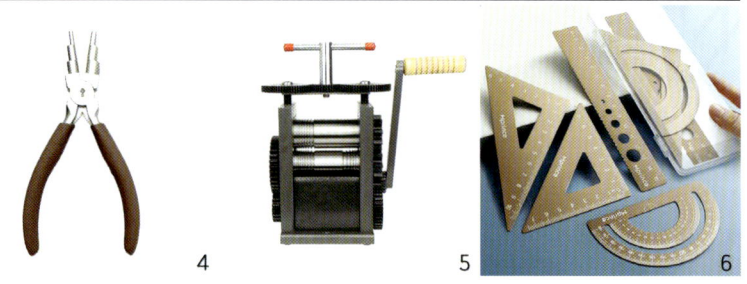

압연기(5): 귀금속 시트의 두께를 줄이고 전체적으로 균일한 두께를 만드는 데 사용됩니다.

제도판(6): 귀금속 선을 그릴 때 사용하는 다양한 크기의 구멍이 뚫린 금속판으로 세공사들이 다양한 두께를 만들 수 있습니다.

도가니(7): 주조 공정 중 귀금속 용해에 사용되는 내열성 용기입니다.

잉곳 금형(8): 금형들은 귀금속이 녹은 후 다양한 모양과 크기의 주괴를 만드는 데 사용됩니다.

연마 공구(9): 연마 화합물, 버핑 휠 및 귀금속 조각을 마무리하고 광택을 내는 데 사용되는 연마 천이 포함됩니다.

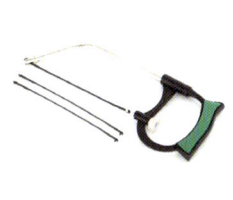  

10   11   12

 금속 절단 실톱(10): 귀 금속판의 복잡한 모양을 자르는 데 사용되는 작고 가는 톱니 모양의 톱입니다.

 납땜 및 산소 용접 도구(11): 귀금속 조각을 함께 접합하는 데 사용되는 납땜인두, 납땜, 플럭스 및 피클링 용액 그리고 산소 용접기가 포함됩니다.

 루페 확대경(12): 이 도구들은 세공사들이 그들의 작품을 정밀하고 정확하게 검사할 수 있도록 도와줍니다.

 안전 장비(13): 귀금속을 다루는 동안 세공사에게 제일 기본이 되는 몸을 보호하기 위한 고글, 장갑, 앞치마, 마스크가 있습니다.

 귀금속을 다룰 때는 적절한 도구를 사용하여 최상의 결과물을 내고

21

탄생석 생성과 세공기술

귀중한 원석 재료를 손상하지 않도록 하는 것이 가장 중요합니다.

 그럼, 지금부터는 월별 탄생석의 종류와 이야기, 그리고 탄생석마다 악세사리 유형 등 그에 알맞은 반지 세공기법에 대해 알아보겠습니다.

1월의 보석 : 가넷

* 가넷 이야기

 가넷은 수천 년 전으로 거슬러 올라가는 풍부한 역사를 가진 아름답고 다재다능한 원석이라 볼 수 있습니다. 역사를 통틀어 다양한 문화권에서 부적, 사랑의 상징, 그리고 높은 가치의 원석으로 사용되어 왔으며, 가넷의 이야기는 고대 이집트에서 현대에 이르기까지 다양한 문명과 시대에 걸쳐 확인할 수 있습니다.

 고대 역사 : 가넷의 사용은 고대 이집트인들에 의해 가치가 있었던 기원전 3000년으로 거슬러 올라가 볼 수 있습니다. 고대 이집트 인들은 보석 장식에 가넷을 사용했고 사후세계의 보호와 인도의 상징으로 파라오의 무덤에 가넷 보석 장식을 놓아두었습니다. 이 원석은 고대 로마에서도 인기가 있었는데, 그곳에서 그것은 악세사리 반지와 다른 장식품들에도 널리 사용되었습니다.

탄생석 생성과 세공기술

성경의 언급 : 가넷은 이스라엘의 열두 지파를 대표하는 아론의 가슴판에 있는 열두 개의 원석 중 하나로 여겨집니다. 그것은 또한 구약성경에서 "카번클"로 언급되었고, 빛과 인도를 나타내는 것으로 생각되었습니다.

중세 : 가넷은 악에 대항하는 보호력을 가지고 있다고 믿어지고 있었으며 전사들과 기사들이 부적으로 착용하여 사용했습니다. 이 원석은 또한 행운을 가져오고 안전한 여행을 보장하는 것으로 여겨져 사람들이 몸에 간직하고 지내었습니다.

빅토리아 시대 : 가넷의 인기는 체코 공화국의 보헤미안 가넷이 짙은 빨간색으로 매우 높이 평가받았던 빅토리아 시대 동안 정점에 달했습니다. 이 가넷들은 복잡한 보석 디자인에 사용되었고, 경제적으로 높아진 시대에 보헤미안 가넷은 더 많은 청중이 접근할 수 있게 되어 많은 사람이 사용하게 되었습니다.

현대 : 오늘날, 가넷은 아름다움, 다재다능함, 그리고 상징성으로 가치가 높여져 있습니다. 가넷은 1월의 탄생석으로 불리우고 있으며 사랑, 우정, 그리고 신뢰를 상징한다고 믿어집니다. 가넷은 반지, 목걸이, 팔찌, 귀걸이 등 다양한 보석 악세사리류에 사용되고 있으며 내구성과 다양한 색상으로 그 가치를 평가받고 있습니다.

가넷의 이야기는 역사, 문화, 그리고 상징성을 통한 매혹적인 여행이 될 수 있습니다. 가넷의 풍부한 역사와 독특한 특성들은 보석을 좋아하는 사람들에게 인기 있는 선택이자 수집가들에게는 가넷 원석이 보석으로 만들면서, 전세계 사람들을 계속해서 사로잡고 있습니다.

§ 가넷종류

 가넷은 다양한 색깔과 종류로 나오는 규산염 광물의 그룹입니다. 그
것들은 보석의 원석으로 일반적으로 사용되고 다양한 색깔과 종류의
구성에 따라 다른 특성이 있습니다. 다음은 가장 잘 알려진 가넷 유
형을 볼 수 있습니다.

 알만딘(Almandine)[1] : 가장 흔한 가넷의 종류인 알만딘은 짙은 빨
간색에서 갈색을 띤 붉은 색으로 특징지어집니다. 그것은 보석류에
자주 사용되며 모스 척도로 7에서 7.5의 경도를 가지고 있습니다.

 파이로프(Pyrope)[2] : 불타는 듯한 붉은 색으로 유명한 파이로페
가넷은 탁월한 투명성과 빛으로 인해 보석에 자주 사용됩니다. 모스
척도의 경도는 7에서 7.5입니다.

 스페사르타이트(Spessartite)[3] : 스페스파티로도 알려진 이 유형
의 가넷은 주황색, 노란색, 그리고 적갈색의 색조로 나옵니다. 그것은

25

탄생석 생성과 세공기술

독특한 색상으로 많이 수용되고 모스 척도에서 6.5에서 7.5의 경도를 가지고 있습니다.

안드라다이트(Andradite)[4] : 이 가넷 유형에는 희귀하고 가치 있는 녹색 데만토이드 가넷과 노란색에서 갈색을 띤 노란색 토파졸라이트가 포함됩니다. 그리고 라다이트 가넷은 그들에게 특별한 빛을 주는 높은 분산성으로 알려져 있습니다. 모스 척도에서 경도는 6에서 7입니다.

그로슐라(Grossular)[5] : 그로슐라 가넷는 녹색(가장 좋아하는 색), 오렌지(헤손라이트), 노란색, 그리고 심지어 무색의 다양한 색을 포함하여 다양한 색으로 나옵니다. 그것들은 선명한 색으로 평가되고 모스 척도에서 6.5에서 7.5의 경도를 가지고 있습니다.

유발로바이트(Uvarovite)[6] : 가장 희귀한 종류의 가넷인 우바로바이트는 선명한 녹색과 작은 결정 크기로 알려져 있습니다. 그것은 전형적으로 마약 형태로 발견되며 종종 독특한 보석 조각에 사용됩니다. 우바로바이트의 경도는 모스 척도로 6.5~7.5입니다.

각 가넷 유형은 고유한 특성과 특성이 있어 다양한 유형의 보석에 다양하고 매력적인 선택을 할 수 있습니다. 보석 조각을 위한 가넷을 선택할 때, 여러분의 필요에 맞는 완벽한 원석을 찾기 위해 색상, 투명도, 그리고 밝기와 같은 요소들을 고려하여야 합니다.

§ 1월의 쥬얼리

1월과 관련된 보석을 지칭할 수 있는 용어이며, 일반적으로 1월의 탄생석인 가넷을 특징으로 합니다. 가넷은 빨강, 초록, 노랑, 그리고 심지어 무색을 포함하여 다양한 색상으로 나오는 아름답고 다재다능한 원석입니다. 하지만, 가장 일반적이고 잘 알려진 색깔은 진한 빨간색입니다.

인기 있는 1월 쥬얼리 악세사리는 다음과 같습니다.

가넷 귀걸이⑴ : 이것들은 단순한 스터드 귀걸이에서부터 더 정교한 드롭 또는 후프 디자인에 이르기까지 다양합니다. 그것들은 금, 은, 또는 백금과 같은 다양한 금속으로 세팅될 수 있습니다.

가넷 목걸이⑵ : 가넷 목걸이는 가넷 보석을 보여주는 아름다운 방법 중에 하나 입니다. 목걸이는 단일 가넷 또는 가넷 클러스터일 수 있으며, 다른 원석이나 다이아몬드로 디자인하여 더 복잡한 모양을 만들 수 있습니다.

탄생석 생성과 세공기술

 가넷 반지(3) : 가넷 반지는 탄생석 반지, 약혼반지, 또는 단순한 문구를 위한 사랑스러운 옵션이 될 수 있습니다. 가넷 반지는 솔리테어 세팅에서부터 다른 원석이나 다이아몬드를 특징으로 하는 더 정교한 디자인에 이르기까지 다양한 스타일로 나옵니다.

 가넷 팔찌(4) : 가넷을 특징으로 하는 팔찌는 단순하고 우아할 수 있으며, 체인에 하나의 가넷 세트가 있거나 뱅글 또는 테니스 팔찌 디자인에 여러 개의 가넷 세트가 더 복잡할 수 있습니다.

 가넷 브로치 또는 핀(5) : 가넷 브로치는 멋진 문장이 될 수도 있고 옷에 색과 반짝임을 더하는 더 미묘한 방법이 될 수도 있습니다.

 1월 쥬얼리를 선택할 때는 착용할 사람의 선호도, 개인적인 스타일, 쥬얼리를 사용할 경우 등을 고려해야 합니다. 가넷은 내구성이 강한 원석으로 일상복용에 적합하지만, 손상되지 않도록 청소나 보관 시 주의가 중요합니다.

§가넷 링 작업 방법

 가넷 링을 만드는 것은 올바른 재료를 선택하는 것부터 최종 조각을 완성시켜 만드는 것까지 여러 단계를 거칩니다. 아래에는 작업에 대한 프로세스입니다.

 디자인: 가넷 링의 디지털 디자인을 스케치하거나 만드는 것으로 시작합니다. 가넷의 유형과 크기, 밴드 및 설정용 금속, 추가 원석 또는 설계 요소와 같은 요인을 고려 하여야 합니다. 가능하면 반지를 착용할 사람과 상의하여 디자인이 자신의 취향에 맞는지 확인합니다.

재료 선택: 고품질 가넷을 선택하고 밴드 및 설정에 대한 금속 유형을 결정합니다. 일반적인 금속에는 금(노란색, 흰색 또는 장미색), 순은, 백금이 포함됩니다. 설계에 다른 원석이 포함될 경우 원석도 함께 선택합니다.

왁스 모델 작성: 설계를 가이드로 사용하여 링의 왁스 모델을 만듭니다. 왁스를 손으로 조각하거나 CAD(Computer-Aided Design) 프로그램과 3D 프린터를 사용하여 더욱 정확한 모델을 제작할 수 있습니다.

반지 주조: 왁스 모델이 완료되면 로스트왁스 주조 방법을 사용하여 금속 링을 만듭니다. 이 작업에는 왁스 모델을 몰드에 넣고 왁스를 태워 제거한 후 용해된 금속을 캐비티에 주입하는 작업이 포함됩니다. 금속이 냉각되고 굳으면 금형에서 링을 제거합니다.

세척 및 정제: 캐스트 링을 청소하여 잔여 인베스트먼트 재료를 제거하고 거친 가장자리나 결함을 제거하기 위해 광택을 냅니다.

가넷 배치: 갈래, 베젤 또는 다른 유형의 설정을 사용하여 링에 가넷을 고정하여 배치합니다. 설계에 추가 원석이 포함된 경우 원석도 제자리에 배치합니다.

광택 및 마감: 링이 매끄럽고 윤기가 나도록 최종 광택을 내십시오. 링에 결함이나 결함이 있는지 검사하고 필요한 조정을 이행합니다.

완성된 링을 전달: 가넷 링이 완성되면 아름다운 링 박스나 파우치에 넣어 받는 사람에게 선물합니다.

가넷 링을 만들려면 기술, 정밀도 및 세부 사항에 대한 주의가 필요합니다. 경험이 풍부한 세공사가 아니라면, 디자인에 생동감을 불어넣고 최종 작품의 품질을 보장할 수 있는 전문가와 함께 작업하는 것이 좋습니다.

§ 가넷 반지 디자인 종류

 가넷 링은 클래식 스타일부터 컨템포러리 스타일까지 다양한 디자인이 있습니다. 다음은 고려해야 할 몇 가지의 가넷 링 설게 유형입니다.

 솔리테어(Solitaire) : 솔리테어 가넷 링은 중앙석으로 하나의 가넷을 특징으로 하며, 종종 프롱 또는 베젤 설정으로 설정됩니다. 이 미니멀리즘 디자인을 통해 가넷이 링의 중심이 될 수 있습니다.

 헤일로(Halo) : 헤일로 디자인에서 가넷은 일반적으로 다이아몬드 또는 다른 대조적인 돌과 같은 더 작은 원석의 "헤일로"로 둘러싸여 있습니다. 이 디자인은 가넷을 강조하고 반지에 고급스러움을 더해줍니다.

 빈티지(Vintage) : 빈티지 스타일의 가넷 링은 필리그리, 밀알 디테일 또는 조각과 같은 복잡한 금속 세공을 특징으로 만들어져 있습니다. 이러한 디자인은 추가적인 원석이나 다이아몬드를 포함하여 전체적인 우아함을 더할 수 있습니다.

 쓰리스톤(Three-Stone) : 3개의 원석으로 된 링은 다이아몬드, 다른 원석, 또는 대조적인 원석이 될 수 있는 두 개의 작은 원석으로 측면에 중앙 원석을 특징으로 하고 있습니다. 이 디자인은 과거, 현재, 미래를 상징하기 때문에 의미 있는 선택입니다.

클러스터(Cluster) : 여러 개의 더 작은 가넷 또는 가넷과 다른 원석의 혼합물이 함께 그룹화되어 더 크고 가넷이 영향력 있도록 보이는 설계를 합니다. 클러스터 링은 독특한 모양을 제공하면서 다양한 모양과 패턴을 가질 수 있습니다.

바이패스(Bypass) 또는 스플릿 생크(Split Shank): 바이패스 또는 스플릿 생크 설계에서 링의 밴드는 서로 지나치거나 중앙 가넷을 수용하는 두 개 이상의 가닥으로 분할됩니다. 이 스타일은 역동적이고 시각적으로 흥미로운 효과를 낼 수 있습니다.

파베(Pave) : 파베 가넷 링은 밴드를 부분적으로 또는 완전히 둘러싸고 있는 작은 가넷 또는 기타 원석이 서로 가깝게 세트로 구성이된 것이 특징입니다. 이 디자인은 반짝임을 더하며 중앙에 가넷과 같은 다른 디자인 요소와 결합할 수 있습니다.

스태킹(Stacking) : 스태킹 가넷 링은 다른 링과 함께 착용하도록 설계되었으며, 추가 가넷 링 또는 다른 원석 또는 디자인이 특징인 링과 함께 착용할 수 있습니다. 가넷이 더 얇고 더 섬세해서 레이어드하기에 완벽합니다.

가넷 링 디자인 유형을 선택할 때, 가넷 링을 착용할 사람의 개인적인 스타일과 선호도, 그리고 반지가 의도된 경우를 고려해야 합니다. 가넷은 내구성과 다재다능한 원석으로 다양한 디자인과 스타일에 적합한 원석이라 볼 수 있습니다.

탄생석 생성과 세공기술

2월의 보석 : 자수정

* 자수정 이야기

그리스 신화에서 자수정에 대한 이야기를 찾아볼 수 있습니다. 신의 경솔한 행동과 장난으로 생겨난 자수정의 이야기는 다음과 같이 시작됩니다.

달의 여신 다이아나를 흠모하던 술의 신 바커스는 그녀의 냉담함에 화가 나 자기 앞을 지나가던 최초의 인간을 호랑이에게 잡아먹히게 만들겠다고 선언하게 됩니다. 그리고 마침 다이아나의 신전에 참배를 마치고 돌아가는 아름다운 아메시스트를 발견하고 그 저주를 실행하기로 하였습니다. 호랑이가 나타나자 아메시스트는 비명을 지르고, 소리를 들은 다이아나는 최악의 순간을 피하고자 그녀를 순수하고 투명한 무색의 돌로 변하게 했습니다. 화석의 아름다움을 보고 자기 잘못을 후회한 바커스는 그 돌에 포도주를 부어 이 화석을 아름다운 자색의 보석으로 만들었다고 합니다. 이것이 바로 자수정으로 불리우게 되었습니다.

자수정(Amethyst)은 그리스어로 아메타스토스, 즉 '술에 취하지 않는다'는 의미에서 유래하였습니다. 자수정은 고대 그리스 유적을 발굴하면서 많이 발견되었는데, 이 신화는 로마에도 전해져 파티를 좋아하던 로마인들이 술잔을 자수정으로 장식하여 숙취를 예방하는 용도로도 사용하였다고 합니다.

자수정의 청정한 이미지 탓인지 계율이 엄한 중세 유럽의 가톨릭에서는 로사리오(묵주)나 십자가 등을 자수정으로 장식하여 사용하였으며, 자색을 고귀한 색으로 여겼던 동양에서도 자수정을 귀중한 보석으로 여겨지게 되었습니다.

§ 자수정 종류

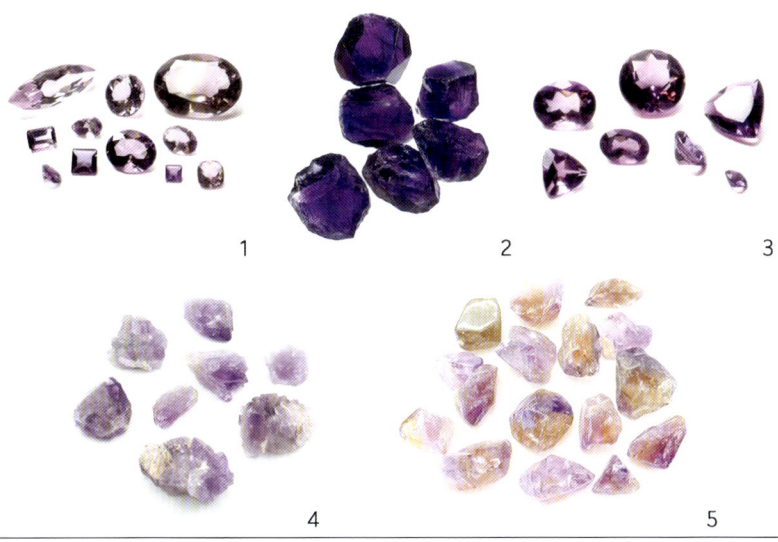

탄생석 생성과 세공기술

 자수정은 이산화규소 (SiO2)로 구성된 규산염 광물인 석영의 한 종류입니다. 그것은 석영의 보라색 품종이고 밝은 라일락에서부터 깊고 풍부한 보라색까지 다양한 아름다운 보라색으로 인해 높은 평가를 받고 있습니다. 자수정의 색깔은 철 불순물과 미량의 다른 원소들의 존재뿐만 아니라 자연 방사선 때문입니다.

 자수정은 색깔, 결정 형성, 지리적 기원에 따라 여러 종류가 있습니다. 가장 잘 알려진 자수정 유형은 다음과 같습니다:

 브라질 자수정(Brazilian amethyst)[1] : 브라질에서 주로 발견되며 중간에서 짙은 자주색으로 알려져 있습니다. 브라질 자수정은 종종 결정의 밑부분 근처에서 가장 깊은 색과 함께 색상 조닝을 보여줍니다.

 우루과이 자수정(Uruguay amethyst)[2] : 우루과이에서 온 이 자수정의 품종은 종종 불그스름하거나 푸르스름한 색조를 가진 깊고 풍부한 보라색으로 높이 평가됩니다. 우루과이의 자수정은 뛰어난 선명도와 강한 색포화도로 유명합니다.

 아프리카 자수정(African amethyst)[3] : 아프리카 자수정은 잠비아에서 주로 발견되며 풍부하고 짙은 보라색과 약간 붉은 색을 띠고 있습니다. 그것은 색의 강도와 결정질 때문에 매우 인기가 있습니다.

 캐나다 자수정(Canadian amethyst)[4] : 캐나다 온타리오주의 선더베이 지역에서 발견되는 이 자수정의 특징은 붉은 보라색과 눈에 띄는 외관을 만드는 붉은 헤마이트의 독특함을 포함하였습니다.

 아메트린(Ametrine)[5] : 아메트린은 같은 결정 안에 자수정과 시트린이 모두 있는 독특한 이중색의 다양한 석영입니다. 보라색 자수정과 황금색 시트린의 색상 구분은 결정 내 철의 다양한 산화 상태의 결과입니다. 메트린은 주로 볼리비아에서 발견되고 있습니다.

이렇게 다양한 종류의 자수정은 독특한 색상과 결정 형태로 수집가들과 보석 애호가들 모두에게 사랑받고 있습니다. 자수정은 형이상학적 특성뿐만 아니라 보석과 예술의 다양한 형태로 사용됩니다.

§2월의 쥬얼리

2월의 탄생석은 자수정으로, 아름다운 보라색으로 유명하고 보석으로 인기 있는 선택입니다. 자수정은 영적이고, 침착하며, 보호적인 특성을 지니고 있다고 믿어져, 2월에 태어난 사람들이나 돌의 아름다움과 상징성을 높이 평가하는 사람들에게 이상적인 선물이 됩니다.

다음은 자수정 보석을 사용하고 있는 악세사리입니다.

탄생석 생성과 세공기술

 자수정 귀걸이⑴ : 자수정 귀걸이는 우아한 스터드, 스타일리시한 후프 또는 눈에 띄는 드롭 귀걸이일 수 있습니다. 그것들은 하나의 자수정이나 돌덩어리를 보여줄 수 있고, 추가적인 감각을 위해 다른 원석들과 짝을 이룰 수 있습니다.

 자수정 목걸이⑵ : 자수정 목걸이는 단순한 펜던트에서부터 여러 개의 돌을 포함하는 더 복잡한 디자인에 이르기까지 다양한 스타일로 출시됩니다. 그것들은 다양한 재료로 만들어질 수 있고, 자수정을 중심으로 하거나 다른 원석에 악센트로 사용할 수 있습니다.

 자수정 반지⑶ : 자수정 반지는 다양한 컷과 디자인으로 돌의 아름다움을 보여주는 고전적인 선택입니다. 그것들은 금, 은, 또는 백금과 같은 다른 금속에 세팅될 수 있고, 자수정 또는 다른 원석과 조합을 특징으로 할 수 있습니다.

 자수정 팔찌⑷ : 자수정 팔찌는 자수정 매력이 있는 섬세한 체인 팔찌나 더 큰 자수정 돌이 일렬로 또는 복잡한 패턴으로 세팅된 더 튼튼한 디자인을 포함할 수 있습니다. 그것들은 또한 다양한 색깔의 조각을 만들기 위해 다른 원석들과 결합할 수 있습니다.

 자수정 브로치와 핀⑸ : 자수정 브로치와 핀은 2월 탄생석을 옷에 통합하는 독특하고 정교한 방법이 될 수 있습니다. 그것들은 다양한 금속과 스타일로 세팅된 단일 자수정 또는 자수정과 다른 원석의 조합으로 디자인될 수 있습니다.

 자수정 쥬얼리를 선택할 때는 착용자의 개인적인 스타일, 선호도 및 쥬얼리를 사용할 경우를 고려해야 합니다. 자수정의 색깔, 선명함, 그리고 절단을 포함한 품질 또한 그 작품의 가치와 아름다움을 결정하는 역할을 할 것입니다.

§자수정 링 작업 방법

자수정 반지 작업은 올바른 자수정을 선택하는 것부터 반지를 디자인하고 돌을 세우는 것까지 여러 단계를 거치게 됩니다. 다음은 자수정을 만드는 방법에 대한 단계별 가이드입니다.

자수정 원석 선택 : 채도가 좋고 선명하며 컷팅이 매력적인 고품질 자수정을 선택합니다. 돌의 크기와 모양은 당신의 디자인 선호도와 예산에 맞춰야 합니다.

금속 선택 : 자수정의 색상과 착용자의 스타일을 보완하는 반지 밴드의 메탈을 선택합니다. 인기 있는 금속으로는 금색(노란색, 흰색 또는 장미색), 은색 및 백금이 주로 많이 사용되고 있습니다.

링 설계 : 자수정의 크기와 모양뿐만 아니라 추가적인 원석이나 디자인 요소를 고려하여 링의 디지털(CAD) 디자인을 스케치하거나 작성하여 만들어야 합니다.

세공사에게 상담 : 디자인의 실현 가능성에 대한 조언을 제공하고, 필요한 조정 사항을 제안하며, 재료 및 인건비에 대한 견적을 확인할 수 있는 전문 세공사와 디자인을 공유합니다.

링 만들기 : 세공사는 수작업 또는 CAD/CAM(Computer-Aided Design and Manufacturing) 기술을 사용하여 설계에 따라 반지를 제작합니다. 이 프로세스에는 다음이 포함될 수 있습니다.

탄생석 생성과 세공기술

 a. 링의 왁스 모델을 조각하고 금속 밴드를 만들기 위해 로스트왁스 주조 방법을 사용합니다.
 b. 단조, 납땜 또는 밀링과 같은 기술을 사용하여 금속으로 직접 링을 제작합니다.

 금속 밴드가 완성되면 자수정 원석 세팅을 준비합니다. 프롱, 베젤 설정과 같은 다양한 스타일을 선택하여 셋팅할 수 있습니다. 자수정을 선택한 위치에 조심스럽게 놓고 제자리에 고정시킵니다.

 원석 추가 : 만약 설계한 디자인에 다른 원석들이 포함되어 있다면, 작업자는 그것들을 자수정과 함께 링에 놓을 것입니다.

 마무리 작업 : 작업자는 반지를 매끄럽게 마무리하고 디자인 설계를 한 외관을 갖추도록 광택을 냅니다. 또한 설계에 지정된 대로 조각 또는 밀알 세부 정보와 같은 다른 마감을 적용할 수도 있습니다.

 링 검사 : 완성된 자수정 링을 주의 깊게 검사하여 젬스톤이 단단히 고정되어 있고 금속이 광택이 나며 디자인이 원래 컨셉과 일치하는지 확인합니다.

 위와 같은 단계를 따르고 작업함으로써, 당신은 당신의 개인적인 스타일을 반영한다면, 보라색 자수정 보석을 보여 주고자 하는 아름답고 맞춤형 반지를 만들 수 있습니다.

§ 자수정 반지 디자인 타입

 자수정 반지에는 클래식 스타일에서 현대 스타일에 이르기까지 다양한 디자인 유형이 있습니다. 디자인 유형을 선택할 때는 착용자의 개인적인 스타일, 반지 사용 장소, 자수정의 크기와 모양과 같은 요소를 고려해야 합니다.

다음은 인기 있는 자수정 디자인 유형입니다.

솔리테어(Solitaire) : 솔리테어 디자인은 단일 자수정을 링의 중심축으로 사용하며, 프롱, 베젤 또는 장력과 같은 다양한 설정으로 제자리에 고정될 수 있도록 합니다. 이 디자인은 자수정의 아름다움이 중심이 되어 아름다움을 보여 줄 수 있도록 해줄 수 있습니다.

헤일로(Halo) : 전체적인 외관을 개선하고 더 큰 중앙석의 환상을 만들기 위해 종종 다이아몬드인 작은 원석의 고리로 자수정을 둘러싸는 디자인입니다. 이 디자인 타입은 자수정 반지에 반짝임과 화려함을 더해줄 수 있습니다.

쓰리스톤(Three-Stone) : 3개의 젬스톤 디자인에서, 자수정은 다른 자수정, 다이아몬드 또는 다른 색의 원석이 될 수 있는 두 개의 더 작은 원석으로 측면에 둘 수 있습니다. 이 디자인은 과거, 현재, 미래를 상징하기 때문에 약혼반지나 기념일 반지로 인기가 있습니다.

빈티지(Vintage) : 빈티지에서 영감을 받은 디자인은 자수정을 통해서 복잡한 금속 세공, 필리그리 또는 밀알 디테일과 같은 골동품 보석의 요소를 통합합니다. 이러한 디자인들은 종종 우아함과 낭만을 불러일으키며, 그것들을 지나간 시대의 장인정신을 감상하는 사람들에게 완벽하게 아름다움을 줄 수 있도록 만듭니다.

모던(Modern) : 모던한 자수정 디자인은 자수정의 자연미를 강조하는 기하학적 모양, 비대칭 배열 또는 미니멀리즘 설정을 특징으로 할 수 있습니다. 이러한 디자인은 현대적이고 아방가르드한 스타일을 선호하는 사람들에게 이상적입니다.

 클러스터(Cluster) : 여러 개의 자수정 또는 자수정과 다른 원석의 조합을 시각적으로 매력적인 패턴으로 배열합니다. 이 디자인 유형은 하나의 큰 자수정 없이도 더 크고 인상적인 반지 모양을 만들 수 있습니다.

 칵테일(Cocktail) : 칵테일 링은 큰 자수정 또는 자수정과 다른 원석의 조합을 특징으로 하는 대담하고 진술을 만드는 디자인입니다. 이 반지들은 특별한 경우나 보석 컬렉션의 문장 조각으로 보여 줄 수 있습니다.

 자수정 반지 디자인 유형을 선택할 때 반지를 착용할 사람의 선호도와 스타일, 그리고 반지를 착용할 상황을 고려해야 합니다. 잘 선택된 디자인은 자수정의 아름다움을 강조하고 앞으로 몇 년 동안 소중히 간직될 보석을 만들어 낼 것입니다.

3월의 보석 : 아쿠아마린

* 아쿠아마린 이야기

바다에 관련된 많은 전설을 갖고 있는 연한 청록색의 아쿠아마린은 3월의 별자리인 물고기자리도 관계가 깊습니다. 아쿠아마린에는 '밤의 보석 중의 여왕'이라는 낭만적인 칭호가 붙어 있는데 그 이유는 어두운 밤에 아쿠아마린을 보면 밝게 반짝거리는 모양이 어두운 바다에서 보는 한줄기 등불 같은 느낌을 주기 때문이라고 합니다. 바다와 관련이 깊은 아쿠아마린은 예부터 안전한 항해를 기원하는 선원들의 호신부로써 전해져 왔습니다.

아쿠아마린은 예부터 영원한 젊음과 행복을 상징하는 젬스톤으로, 희망과 건강을 갖게 하는 돌이라고 사람들에게 널리 알려져 있습니다. 중세에는 이 돌을 가지고 있으면 깊은 통찰력과 미래를 읽을 수 있는 능력이 생긴다고 믿었으며, 아쿠아마린을 물에 담그고 그 물로

탄생석 생성과 세공기술

눈을 씻으면 눈병이 치료된다는 기록 또한 남아 있다고 합니다. 또한 숨이 찬 증세나 딸꾹질을 심하게 할 때 아쿠아마린을 담가놓은 물을 마시면 금세 멎는 효험이 있다고 전해져 많은 사람들이 사용했다고 합니다. 성격이 급하고 신경질적인 사람이 아쿠아마린 반지를 끼면 신경이 안정되고 몸의 피로가 풀린다고 전해 지고 있습니다.

 아쿠아마린은 그 이름처럼 사람의 정신과 마음을 리플래시 시켜주는 바다의 푸른빛을 가장 좋은 색으로 가득 담겨져 있습니다. 에메랄드가 높은 지위의 사람들을 대상으로 한 아름다움과 힘, 영화의 상징이었다면 아쿠아마린은 일반 사람들에게 널리 사랑받는 보석이었다고 합니다.

§ 아쿠아마린 종류

아쿠아마린은 베릴 광물(Be3Al2Si6O18)의 변종입니다. 아쿠아마

린은 결정 구조 내의 미량의 철에 의해 야기되는 밝은 파란색에서 청록색까지 보이는 것이 특징적입니다. 아쿠아마린은 반투명에서 투명하고 유리 광택을 가지고 있어 원석으로서 매우 아름다운 모습을 보여 주고 있습니다.

아쿠아마린은 색깔, 선명도, 원산지에 따라 여러 종류가 있습니다. 가장 잘 알려진 유형은 다음과 같습니다:

산타 마리아 아쿠아마린(Santamaria Aquamarine)[1] : 브라질의 산타 마리아 데 이타비라 광산의 이름을 따서 명명된 이 종류의 아쿠아마린은 짙은 파란색으로 매우 높이 평가 받고 있습니다. 산타 마리아 아쿠아마린은 풍부한 색상과 탁월한 선명함으로 인해 가장 훌륭하고 가치 있는 것으로 여겨집니다.

에스피리토 산토 아쿠아마린(Espirito Santo Aquamarine)[2] : 또한 브라질에서 온 에스피리토 산토 아쿠아마린은 산타 마리아 품종에 비해 밝은 파란색을 가지고 있습니다. 이 아쿠아마린들은 아름다운 음색과 좋은 선명도로 여전히 많은 사람들이 찾고 있습니다.

나이지리아 아쿠아마린(Nigerian Aquamarine)[3] : 나이지리아에서 발견되는 이 아쿠아마린들은 전형적으로 더 포화된 파란색을 가지고 있고 때때로 녹색을 띤 색조를 보일 수 있습니다. 나이지리아 아쿠아마린은 최근 몇 년 동안 고품질의 표본을 이용할 수 있기 때문에 인기를 얻었습니다.

마다가스카르 아쿠아마린(Madagascar Aquamarine)[4] : 마다가스카르에서 유래된 이 아쿠아마린들은 밝은색에서 중간 정도의 푸른색과 좋은 투명도로 알려져 있습니다. 그들은 때때로 약간 녹색을 띠기도 하지만, 보석을 위한 인기 있는 선택으로 남아있습니다.

탄생석 생성과 세공기술

파키스탄 아쿠아마린(Pakistan Aquamarine)[5] : 파키스탄의 아쿠아마린은 독특한 청록색과 높은 선명도로 알려져 있습니다. 그들은 밝은색에서 녹색을 띤 중간 정도의 파란색 색조까지 다양합니다.

고양이 눈 아쿠아마린(Cats Eyes Aquamarine)[6] : 이것은 밝은 고양이 눈과 같은 빛의 반사로 특징지어지는 광학적 현상으로 나타내는 희귀한 종류의 아쿠아마린입니다. 이것은 원석 내에 평행한 바늘 모양의 포함 물이 있기 때문에 발생합니다.

스타 아쿠아마린(Star Aquamarine)[7] : 또 다른 희귀한 품종인 별 아쿠아마린은 원석의 표면에서 빛이 반사될 때 별과 같은 패턴을 나타내는 현상인 별을 나타냅니다. 이것은 결정 내에서 특정한 방식으로 정렬된 다른 광물의 포함에 의해 발생합니다.

전체적으로 아쿠아마린의 값은 색상, 선명도, 크기 및 절단과 같은 요인에 따라 달라집니다. 가장 가치 있는 아쿠아마린은 깊고 균일한 색상, 예외적인 선명도를 나타냅니다

§ 3월의 쥬얼리

3월은 바다를 연상시키는 놀라운 파란색에서 청록색으로 유명한 탄생석 아쿠아마린과 관련이 있습니다. 아쿠아마린은 미네랄 베릴의 변종으로 뛰어난 투명성과 유리 광택으로 아름다운 모습을 소중히 여겨 간직되어져 있습니다.

아쿠아마린으로 만든 쥬얼리는 탄생월인 3월생뿐 아니라 원석의 아름다움과 잔잔한 자연을 감상하는 사람들에게도 인기가 많습니다.

3월에 인기 있는 아쿠아마린 쥬얼리 종류는 다음과 같습니다.

아쿠아마린 귀걸이(1) : 아쿠아마린 귀걸이는 단순한 스터드에서 우아한 드롭 또는 댕글 귀걸이까지 다양합니다. 그것들은 금, 은, 또는 백금과 같은 다양한 금속에 세팅될 수 있고, 추가적인 반짝임을 위해 다이아몬드나 다른 원석으로 악센트를 줄 수 있습니다.

아쿠아마린 목걸이(2) : 아쿠아마린 목걸이는 하나의 펜던트를 보여주거나 다양한 모양과 크기의 여러 아쿠아마린 스톤을 특징으로 할 수 있습니다. 인기 있는 스타일에는 솔리테어 펜던트, 아쿠아마린 비즈, 섬세한 체인을 따라 설치된 아쿠아마린 스테이션이 포함됩니다.

아쿠아마린 반지(3) : 아쿠아마린 반지는 약혼 반지, 약속 반지 또는 단순히 진술용으로 선호되는 선택입니다. 그것들은 다이아몬드나 다

탄생석 생성과 세공기술

른 원석으로 둘러싸인 중앙석인 솔리테아르 아쿠아마린을 특징으로 하거나 더 복잡한 디자인의 일부가 될 수 있습니다.

아쿠아마린 팔찌(4) : 아쿠아마린 팔찌는 하나의 아쿠아마린 매력이 있는 간단한 체인, 아쿠아마린 줄이 있는 테니스 팔찌, 또는 여러 개의 돌과 복잡한 금속 세공이 있는 더 정교한 조각으로 디자인될 수 있습니다.

아쿠아마린 브로치(5) : 아쿠아마린 브로치는 어떤 의상에도 우아함과 세련미를 더해줍니다. 그것들은 꽃, 동물 또는 추상적인 디자인의 모양으로 제작될 수 있으며, 종종 다른 원석과 금속을 통합하여 시각적으로 놀라운 작품을 만듭니다.

아쿠아마린 쥬얼리를 선택할 때는 색상, 선명도, 절단 및 크기와 같은 요소를 고려해야 합니다. 고품질 아쿠아마린은 깊고 균일한 색상, 우수한 선명도 및 잘 다듬어져 화려함과 광택을 극대화할 수 있습니다.

아쿠아마린 보석을 돌보는 것은 그것의 아름다움을 유지하기 위해 필수적입니다. 아쿠아마린 조각을 청소하려면 따뜻한 비눗물과 부드러운 브러시를 사용한 다음 부드러운 천으로 깨끗이 헹구고 건조시킵니다. 아쿠아마린이 거친 화학 물질, 열 또는 급격한 온도 변화에 노출되지 않도록 하십시오. 이는 원석을 손상시킬 수 있습니다. 아쿠아마린 쥬얼리는 긁힘과 손상을 방지하기 위해 부드러운 파우치나 안감이 있는 쥬얼리 박스에 보관하시기를 권장해 드립니다.

§아쿠아마린 링 작업 방법

아쿠아마린 고리를 만드는 작업은 원석 처리, 반지 디자인, 보석 제작 기술에 대한 적절한 지식이 필요합니다. 작업자는 아쿠아마린 링을 만들거나 수리하는 것을 원하는 애호가이든 관계없이 다음과 같은 절차를 통해 알 수 있습니다.

아쿠아마린 선택 : 원하는 색상, 선명도, 절단 및 크기의 아쿠아마린을 선택합니다. 원석이 진품이고 품질이 좋은지 확인합니다. 내구성이나 외관에 영향을 미칠 수 있는 눈에 보이는 이물질, 균열 또는 손상이 없는지 검사합니다.

디자인 설계 : 아쿠아마린 반지의 디자인을 만듭니다. 세팅, 금속 타입, 밴드 스타일, 그리고 추가적인 돌이나 장식과 같은 요소들을 고려합니다. 종이에 디자인을 스케치하거나 CAD(Computer-Aided Design) 소프트웨어를 사용하여 보다 정확한 렌더링을 수행할 수 있습니다.

재료 준비: 아쿠아마린, 추가 원석 및 세공사의 톱, 파일, 플라이어, 납땜 토치와 같은 보석 제작 도구를 포함하여 필요한 재료를 준비합니다.

세팅 설정 : 선택한 금속을 사용하여 아쿠아마린에 대한 세팅을 만듭니다. 일반적인 설정에는 프롱, 베젤 및 장력 설정을 통해서 할 수 있습니다. 금속을 조심스럽게 측정하고 모양을 만들어 원석에 잘 맞고 단단하게 맞춥니다.

링 밴드 모양 : 당신의 디자인에 따라 링 밴드를 자르고 모양을 잡으세요. 미리 만들어진 밴드를 사용하는 경우, 착용자의 손가락에 맞게 밴드의 크기를 조정하거나 조정해야 할 수도 있습니다.

탄생석 생성과 세공기술

밴드 납땜: 링 밴드에 계획하고 있는 수치와 같이 조심스럽게 납땜하여 올바른 정렬과 안전한 연결을 이행합니다. 작업자의 토치와 금속 유형에 적합한 납땜을 사용합니다.

링 청소 및 광택 : 천, 고운 사포 또는 광택제를 사용하여 금속 표면을 매끄럽게 하고 광택을 내어 줍니다. 거친 가장자리, 흠집 또는 솔더 잔여물을 제거합니다.

고정 세팅 : 아쿠아마린은 부드러운 브러시와 비눗물로 세척한 후 완전히 건조시킵니다. 보석을 조심스럽게 세팅 안에 넣고 돌기, 베젤 또는 다른 세팅 방법을 사용하여 고정합니다. 돌이 제자리에 단단히 고정되어 있고 금속과 수평을 이루는지 확인합니다.

디자인 추가 : 디자인에 포인트 스톤 또는 기타 장식 요소가 포함된 경우 이 단계에서 추가합니다. 필요에 따라 적절한 설정, 납땜 또는 접착제로 고정합니다.

광택 및 검수 : 링에 최종 광택을 주어 매끄럽고 빛나는 마감을 보장합니다. 링을 검사하여 아쿠아마린과 추가적인 돌이 고정되어 있는지 확인하고 전체적인 장인정신이 우수한지 확인합니다.

아쿠아마린 링 작업 시 원석은 긁힘, 깨짐 또는 열 또는 화학 물질로 인한 손상에 취약하므로 주의하여 취급해야 합니다. 쥬얼리 제작을 처음 하시는 분들은 완성하기 위해 쥬얼리 제작 과정을 수강하거나 경험이 풍부한 쥬얼리 장인과 상담하는 것을 고민해 보시는 것도 좋을 것 같습니다.

아쿠아마린 링은 다양한 디자인 유형으로 출시되어 원석의 아름다움과 다재다능함을 보여줍니다.

다음은 인기 있는 아쿠아마린 링 디자인 유형입니다.

솔리테어(Solitaire) : 솔리테어 디자인은 단일 아쿠아마린을 초점으로 하며, 가지 또는 베젤로 설정됩니다. 이 고전적인 디자인은 원석의 색상과 컷을 강조하여 약혼 반지나 문장 조각에 인기 있는 유형입니다.

헤일로(Halo) : 헤일로 디자인은 작은 다이아몬드나 다른 원석으로 둘러싸인 아쿠아마린 중앙석을 특징으로 합니다. 아쿠아마린의 크기를 강조하고 링에 더 많은 반짝임을 더해줍니다.

쓰리스톤(Three-Stone) : 3개의 돌로 된 디자인은 아쿠아마린 중앙의 돌 옆에 두 개의 작은 돌, 종종 다이아몬드나 다른 대조적인 원석이 있는 것을 특징으로 합니다. 이 디자인은 과거, 현재, 미래를 상징할 수 있어 기념일이나 약혼반지에 의미 있는 선택이 될 수 있습니다.

빈티지(Vintage) : 빈티지 디자인은 필리그리나 밀알 디테일과 같은 복잡한 금속 작업을 통합하며, 포인트 스톤, 조각 또는 독특한 모양을 특징으로 할 수 있습니다. 이러한 디자인은 향수와 낭만을 불러일으키며, 골동품 스타일을 감상하는 사람들에게 더 좋은 선택지가 될 수 있습니다.

컨템포러리(Contemporary) : 컨템포러리 디자인은 현대 미학에 초점을 맞추고 기하학적 모양, 비대칭 배열 또는 미니멀리즘 설정을 포함할 수 있습니다. 이러한 디자인은 독특하고 세련된 아쿠아마린 링을 찾는 사람들에게 매력적인 선택지가 될 수 있습니다.

탄생석 생성과 세공기술

클러스터(Cluster) : 아쿠아마린 그룹 또는 아쿠아마린과 다른 원석의 혼합물이 특정 패턴 또는 모양으로 배열된 것을 특징으로 합니다. 모여 있는 모습은 더 큰 중앙 돌과 같은 착각을 일으키거나 전체 설계에 흥미와 복잡성을 더할 수 있습니다.

이터니티(Eternity) : 영원의 띠는 연속적으로 늘어선 아쿠아마린 또는 교대로 아쿠아마린과 다른 원석이 전체 링 주위에 설치되어 있는 것을 특징으로 합니다. 이 디자인은 영원한 사랑을 상징하며 결혼식 밴드나 기념일 선물로 자주 선택됩니다.

채널(Channel) : 채널 설계에서 아쿠아마린은 금속(금, 은, 백금)에 설정되어 부드럽고 안전한 디자인을 만들어 집니다. 이 디자인은 돌 한 줄 또는 여러 줄에 사용할 수 있어 깔끔하고 현대적인 느낌을 줍니다.

바이패스(Bypass) : 바이패스 설계는 중앙 아쿠아마린을 중심으로 곡선을 그리는 분할된 생크를 특징으로 하여 우아하고 흐르는 듯한 느낌을 줍니다. 이 디자인은 더 작은 원석이나 금속 디테일로 포인트를 주어 시각적인 흥미를 더할 수 있습니다.

아쿠아마린 링 디자인 유형을 선택할 때는 개인적인 스타일, 반지의 기회, 착용자의 선호도와 같은 요소를 고려해야 합니다. 잘 디자인된 아쿠아마린 반지는 착용자의 개성과 취향을 반영하면서 원석의 아름다움을 보여 줄 수 있습니다.

4월의 보석 : 다이아몬드

* 다이아몬드 이야기

 기원전 약 800년 전에 인도에서 최초로 발견됐으며, 지금은 남아프리카, 브라질, 러시아, 캐나다 등지에서 산출되고 있습니다. 다이아몬드가 약혼반지로 많이 쓰이게 된 계기는 1477년 오스트리아의 막시밀리안 대공이 프랑스 버건디 왕국의 공주에게 청혼의 의미로 다이아몬드 반지를 선물하면서부터였습니다. 다이아몬드는 4월의 탄생석으로 예로부터 승리와 변하지 않는 사랑을 상징한다.

 다이아몬드가 최고의 보석으로 자리매김하게 된 것은 17세기 말 이탈리아에서 브릴리언트 컷 연마 방법이 알려진 이후부터입니다. 그 뒤 19세기 후반에 남아프리카공화국에서 대규모 다이아몬드 광산이 발견되고 현대적인 방법으로 채굴되면서 널리 보급되어 대중화되기 시작했습니다.

그러나 일부 희귀한 다이아몬드의 경우 소유주들이 연속적으로 액운을 당해 저주의 다이아몬드라고 불리는 것들도 있습니다. 세계적으로 널리 알려진 다이아몬드는 유럽 4대 다이아몬드라고 하여, 호프 다이아몬드, 상시 다이아몬드, 리전트 다이아몬드(피트 다이아몬드), 그리고 피렌체 다이아몬드가 유명합니다.

§ 다이아몬드 종류

다이아몬드는 색깔, 선명도, 기원에 따라 다양한 종류가 있습니다. 고전적인 화이트 다이아몬드가 가장 인기 있고 잘 알려졌지만, 다른 종류의 다이아몬드는 다양한 색상과 특징을 보여줍니다.

다음은 가장 주목할 만한 다이아몬드 종류입니다:

화이트 다이아몬드(White Diamond)[1] : 가장 흔하고 인기가 높은 다이아몬드인 화이트 다이아몬드는 투명한 외관에서 약간의 색조를 띤 것이 특징입니다. 최상의 화이트 다이아몬드는 최소한의 색상을 가지고 있으며, 탁월한 불과 빛을 보여줍니다.

엘로우 다이아몬드(Yellow Diamond)[2] : 카나리아 다이아몬드로도 알려진 이 다이아몬드들은 밝은색부터 선명한 노란색까지 다양합니다. 그 색깔은 다이아몬드의 결정 구조 안에 질소가 있기 때문에 발생합니다.

블루 다이아몬드(Blue Diamond)[3] : 블루 다이아몬드는 매우 희귀하고 매우 가치가 있습니다. 그들의 색깔은 밝은 파란색에서 깊은 파란색까지 다양할 수 있으며 결정격자에 붕소 불순물이 존재하기 때문에 발생합니다.

핑크 다이아몬드(Pink Diamond)[4] : 로맨틱한 색상으로 유명한 핑크 다이아몬드는 희귀하고 매우 바람직합니다. 그들의색깔을 정확한 원인은 아직도 과학자들 사이에서 논쟁이 되고 있지만, 그 색깔은 결정 격자 내의 구조적인 이상에서 기인할 수도 있다고 믿어지고 있습니다.

그린 다이아몬드(Green Diamond)[5] : 그린 다이아몬드는 희귀하고

탄생석 생성과 세공기술

수백만 년에 걸쳐 자연 방사선 노출로 인해 발생하는 다양한 녹색 색상을 특징으로 합니다. 방사선은 다이아몬드의 결정 구조를 변화시켜 녹색을 만듭니다.

레드 다이아몬드(Red Diamond)[6] : 가장 희귀한 다이아몬드 중에서, 붉은 다이아몬드는 결정 격자의 구조적 이상에 의해 야기된 매혹적인 색상을 가지고 있습니다. 이 다이아몬드들은 믿을 수 없을 정도로 가치가 있고 수집가들이 찾고 있습니다.

브라운 다이아몬드(Brown Diamond)[7] : 샴페인 또는 코냑 다이아몬드로도 알려진 갈색 다이아몬드는 다양한 따뜻하고 흙빛을 특징으로 합니다. 다른 색깔의 다이아몬드만큼 가치가 있지는 않지만, 그것들은 독특하고 자연스러운 모습으로 최근 몇 년 동안 인기를 얻었습니다.

블랙 다이아몬드(Black Diamond)[8] : 블랙 다이아몬드는 결정 구조 내에 흑연 또는 다른 포함물의 존재로 인해 어둡고 불투명한 외관을 가지고 있습니다. 전통적인 화이트 다이아몬드만큼 인기는 없지만, 대담하고 독특한 외관을 제공합니다.

실버 다이아몬드(Silver Diamond)[9] : 실버 다이아몬드는 은은하고 중성적인 색상을 가지고 있으며 수소 또는 붕소 불순물을 포함할 수 있으며, 이는 색상의 원인이 됩니다. 이 다이아몬드들은 절제된 우아함과 독특한 외관으로 인기를 얻었습니다.

색상의 변화 외에도, 다이아몬드는 선명도, 절단, 캐럿 무게에 따라 분류됩니다. 다이아몬드의 가치는 색상, 선명도, 절단 및 캐럿 무게와 같은 요소에 따라 달라지며, 더 희귀한 색상과 더 높은 선명도 등급은 일반적으로 더 높은 가격을 명령합니다.

§ 4월의 쥬얼리

에이프릴의 탄생석은 다이아몬드인데, 다이아몬드는 가장 상징적이고 인기 있는 보석 중 하나입니다. 다이아몬드는 지구상에서 가장 단단한 천연 물질일 뿐만 아니라 그들의 특별한 불, 빛, 그리고 섬광으로 인해 가치가 있습니다. 다이아몬드가 특징인 보석은 4월에 태어난 사람들뿐만 아니라 이 놀라운 원석들의 아름다움과 시대를 초월한 매력을 감상하는 사람들에게도 인기가 있습니다.

다음은 4월에 인기 있는 다이아몬드 쥬얼리입니다:

다이아몬드 귀걸이⑴ : 다이아몬드 귀걸이는 단순한 스터드에서부터 우아한 드롭 또는 댕글 귀걸이까지 다양합니다. 금, 은, 또는 백금과

탄생석 생성과 세공기술

같은 다양한 금속에 세팅될 수 있고, 추가적인 반짝임을 위해 다른 원석으로 악센트를 줄 수 있습니다.

 다이아몬드 목걸이(2) : 다이아몬드 목걸이는 하나의 펜던트를 보여주거나 다양한 모양과 크기의 여러 다이아몬드를 특징으로 할 수 있습니다. 인기 있는 스타일에는 솔리테어 펜던트, 섬세한 체인을 따라 세팅된 다이아몬드 스테이션, 그리고 다이아몬드로 덮인 초커나 턱받이 목걸이와 같은 더 정교한 디자인으로 보여줄 수 있습니다.

 다이아몬드 반지(3) : 다이아몬드 반지는 약혼반지, 결혼반지, 또는 단순히 선물을 주기 위해 많이 하는 반지 입니다. 솔리테어 다이아몬드, 중앙의 젬스톤이 다이아몬드나 다른 원석으로 둘러싸여 있는 것을 특징으로 하거나 더 복잡한 디자인의 일부가 될 수 있습니다.

 다이아몬드 팔찌(4) : 다이아몬드 팔찌는 하나의 다이아몬드 매력이 있는 간단한 체인, 다이아몬드가 줄지어 있는 테니스 팔찌, 또는 여러 개의 돌과 복잡한 금속 세공이 있는 더 정교한 조각으로 디자인될 수 있습니다.

 다이아몬드 브로치(5) : 다이아몬드 브로치는 어떤 의상에도 우아함과 세련미를 더해 주며, 자신을 더욱더 잘 가꾸어 줍니다.

§ 다이아몬드 반지를 만드는 방법

 다이아몬드 반지 작업은 디자인에서 최종 연마까지 여러 단계를 거칩니다.

다음은 일반적인 프로세스 개요입니다:

설계 및 계획 :
a. 금속 유형, 링 크기 및 스타일을 지정하여 링의 디지털 디자인을 스케치하거나 작성합니다.
b. 다이아몬드 모양, 컷, 캐럿 무게, 선명도, 색상을 결정합니다.
c. 원하는 경우 추가 원석 또는 설계 요소를 선택합니다.

재료 :
a. 링 제작을 하기 위해 사용할 금속(예: 금, 백금 또는 은)을 구입하거나 주문합니다.
b. 다이아몬드 및 기타 원석은 신뢰할 수 있는 공급업체로부터 구입합니다.

링 준비 :
a. 사전 설정을 사용하는 경우 4단계로 건너뜁니다. 그렇지 않으면 링 설계의 왁스 모델 또는 CAD 파일을 만듭니다.
b. 잃어버린 왁스 주조 공정 또는 다른 적절한 방법을 사용하여 원하는 금속에 링을 주조합니다.
c. 주조 공정의 결함을 제거하면서 주조 링을 청소하고 광택을 내십시오.

스톤 설정 :
a. 돌출부, 베젤, 장력 또는 기타 선택된 방법을 사용하여 다이아몬드를 고정합니다.
b. 다이아몬드가 세팅 내에서 단단하고 균일하게 고정되어 있는지 확인합니다.
c. 해당하는 경우 추가 원석을 설치합니다.

마무리 작업 :

탄생석 생성과 세공기술

a. 링을 광택이 나도록 닦은 후 제거합니다

§다이아몬드 링 디자인 유형

개인 스타일, 예산 및 선호도에 따라 다양한 다이아몬드 반지 디자인을 선택할 수 있습니다. 다음은 인기 있는 다이아몬드 반지 디자인입니다.

솔리테어(Solitaire) : 밴드에 싱글 다이아몬드 세트가 돋보이는 클래식한 디자인입니다. 이 디자인은 중앙석의 아름다움을 강조하며 약혼반지를 위한 최적의 선택입니다.

헤일로(Halo) : 작은 다이아몬드 원으로 둘러싸인 중앙 다이아몬드로, 중앙 돌의 모양과 크기를 돋보이도록 합니다.

파베(Pave) : 밴드 위에 작은 다이아몬드들이 촘촘히 세팅되어 연속적인 다이아몬드 표면과 같은 착각을 일으키는 디자인 입니다.

쓰리스톤(Three-Stone) : 두 개의 작은 다이아몬드나 원석이 양쪽에 있는 더 큰 중앙 다이아몬드를 특징으로 하는 디자인입니다.

빈티지(Vintage) : 빈티지와 아르데코 스타일에서 영감을 받은 디자인으로, 복잡한 디테일, 필리그리, 밀그레인 작업이 특징입니다.

스플릿 섕크(Split Shank): 중앙석에 도달하면서 갈라지는 밴드로, 독특하고 시각적으로 흥미로운 디자인을 연출합니다.

텐션(Tension) : 다이아몬드가 금속 밴드의 장력에 의해 제자리에 고정된 것처럼 보이는 현대적인 디자인으로 돌이 떠다니는 듯한 착각을 줍니다.

베젤(Bezel) : 다이아몬드가 금속 테두리 안에 감싸여 있는 디자인으로, 스톤에 추가적인 보호 기능을 제공하면서 날렵하고 현대적인 외관을 제공합니다.

클러스터(Cluster) : 여러 개의 더 작은 다이아몬드가 그룹화되어 외관을 만드는 디자인입니다.

탄생석 생성과 세공기술

5월의 보석 : 에메랄드

* 에메랄드 이야기

 녹주석(베릴)이라는 광물은 여러 가지 아름다운 색을 갖는 광물들로 산출이 됩니다. 그러나 녹주석의 꽃은 역시 4대 보석으로 알려진 에메랄드로 볼 수 있습니다.

 에메랄드 광산 개발은 이집트에서 이미 기원전 300년으로 거슬러 올라가며, 클레오파트라의 광산은 기록에도 남아 있습니다. 홍해 주변에 위치한 이 광산은 나중에 호사가들에 의하여 발견되었으나, 이미 에메랄드는 채진된 상태였다. 그러나 이집트의 에메랄드 공급의 독점권은 16세기까지 이어졌다고 합니다.

고대 로마에서도 사랑과 미의 여신인 비너스 칼라로 간주되었으며, 자연이 갖는 재생력을 상징하였으며, 사랑에서는 변함없는 애정을 약속하며, 그로 인해 행복과 행운의 상징이 되었습니다.

이슬람교에서도 이 녹색은 성스러운 색으로 간주되었으며, 아랍국가들이 녹색을 좋아하는 이유가 되었다고 합니다. 한 중동국가의 축구 국가 대표팀의 유니폼이 녹색으로 되어 있는 것이 그 한 예로 볼 수 있습니다. 그리고 에메랄드는 남아메리카의 잉카와 아즈텍 문명권에서도 성스러운 보석으로 사용하였습니다.

인도 등에서는 해독제로 쓰이거나 우울증 같은 정신적인 문제를 치료하는 보석으로 사용하였으며, 오랫동안 몸과 마음을 정화하여 악령을 쫓는 돌로 알려져 있습니다.

§ 에메랄드 종류

탄생석 생성과 세공기술

에메랄드는 미네랄 베릴의 일종으로 소량의 크롬과 때때로 바나듐에 의해 녹색으로 착색됩니다. 베릴은 많은 다른 색들을 가지고 있고, 그것이 녹색이지만 선명한 녹색이 아닐 때, 그것은 "그린 베릴"이라고 불립니다. 에메랄드의 짙은 녹색은 역사를 통해 매우 귀하게 만들고 인기 있게 만들었습니다.

잘 알려진 에메랄드 품종은 다음과 같습니다:

콜롬비아 에메랄드(Colombian Emerald)[1] : 콜롬비아는 세계 최고의 에메랄드 생산국이며, 색과 선명함이 뛰어난 고품질의 돌로 유명합니다. 콜롬비아 에메랄드는 종종 따뜻하고 약간 푸르스름한 녹색을 띠고 있습니다.

잠비아 에메랄드(Zambian Emerald)[2] : 잠비아는 깊은 녹색과 높은 투명도로 알려진 돌을 가진 또 다른 주요 에메랄드 생산지입니다. 잠비아 에메랄드는 콜롬비아 에메랄드에 비해 종종 시원하고 푸르스름한 저음을 가지고 있습니다.

브라질 에메랄드(Brazilian Emerald)[3] : 브라질은 에메랄드의 중요한 생산지이기도 하지만, 그것의 돌들은 전형적으로 더 연하고, 더 황록색을 띠고 있습니다. 브라질 에메랄드는 채도가 낮고 선명하기 때문에 콜롬비아나 잠비아 에메랄드보다 종종 더 저렴합니다.

에티오피아 에메랄드(Ethiopian Emerald)[4] : 에티오피아 에메랄드는 21세기 초에 채굴 작업이 시작되면서 비교적 새로운 발견입니다. 에티오피아 에메랄드는 더 밝은 녹색에서 깊고 선명한 녹색에 이르기까지 다양한 색상을 가질 수 있습니다. 이 에메랄드들은 종종 더 저렴하지만, 여전히 뛰어난 색상과 선명도를 가지고 있습니다.

더 잘 알려진 에메랄드 품종들 중 일부이지만, 에메랄드는 러시아(Russian Emerald)[5], 아프가니스탄(Panjshir Valley Emerald)[6], 그리고 마다가스카르와 같은 다른 나라에서도 발견될 수 있습니다. 에메랄드의 가치는 색깔, 선명도, 절단, 캐럿의 무게에 따라 달라지는데, 가장 바람직한 돌은 풍부하고 선명한 녹색과 높은 선명도를 가지고 있습니다.

§5월의 쥬얼리

 만약 여러분이 5월의 보석에 관심이 있다면, 고려해 볼 수 있는 몇 가지가 종류가 있습니다.

 에메랄드 귀걸이[1] : 에메랄드 귀걸이는 스터드, 드롭 귀걸이, 후프 등 다양한 스타일로 출시됩니다. 스터드는 단일 에메랄드를 특징으

탄생석 생성과 세공기술

로 할 수 있고 드롭 귀걸이와 후프는 여러 에메랄드를 디자인에 포함시킬 수 있습니다.

 에메랄드 목걸이(2) : 에메랄드 목걸이는 하나의 에메랄드가 있는 단순한 펜던트에서부터 여러 개의 에메랄드와 다른 보석들을 특징으로 하는 복잡한 디자인까지 다양할 수 있습니다. 에메랄드는 다양한 패턴으로 세팅될 수 있고 다이아몬드나 다른 보석들과 섞여서 고급스럽게 보일 수도 있습니다.

 에메랄드 반지(3) : 에메랄드 반지는 꽤 인기가 있고 약혼반지에서 자주 볼 수 있습니다. 그것들은 금, 백금, 또는 은과 같은 다양한 종류의 금속으로 세팅될 수 있습니다. 에메랄드는 중앙의 돌이 될 수 있으며, 종종 직사각형 모양으로 자르기도 하지만 둥글거나 다른 모양들도 흔합니다.

 에메랄드 팔찌(4) : 에메랄드가 그려진 팔찌는 매우 우아할 수 있습니다. 그것들은 에메랄드가 손목 전체를 감싸고 있는 테니스 팔찌일 수도 있고, 하나의 에메랄드를 센터 피스로 가질 수도 있습니다. 다른 조각들처럼, 그것들은 더 세련된 모습을 위해 다른 원석이나 다이아몬드와 짝을 이룰 수 있습니다.

 에메랄드 브로치(5) : 브로치는 조금 더 전통적이고 재킷, 스카프 또는 모자에 착용할 수 있습니다. 에메랄드 브로치는 작은 돌로 둘러싸인 커다란 중앙 에메랄드나 여러 개의 에메랄드를 포함한 복잡한 디자인을 특징으로 할 수 있습니다.

 색상, 선명도, 컷, 캐럿을 포함한 에메랄드의 품질은 보석의 전체적인 모양과 가치에 영향을 미친다는 것을 기억하시기 바랍니다. 항상 안정된 판매자에게 구매하고 특히 가치가 높은 품목에 대한 평가를 받는 것을 고려해야 합니다.

탄생석 : 5월의 탄생석은 에메랄드입니다. 이 아름다운 녹색 원석은 재탄생, 사랑, 그리고 지혜를 상징합니다. 만약 여러분이 5월의 생일을 가진 누군가를 위한 선물로 보석을 구입하고 싶다면, 에메랄드가 특징인 작품은 사려 깊은 선택이 될 것입니다.

계절 이벤트 : 5월은 봄과 관련이 있고, 많은 사람들은 가정의 달로 어머니의 날, 졸업식, 그리고 결혼식과 같은 행사들을 이 달 동안 축하합니다. 꽃무늬나 파스텔 색상, 계절을 반영한 디자인이 특징인 쥬얼리가 이런 경우에 적합할 수 있습니다.

패션 트렌드 : 쥬얼리 트렌드는 해마다 바뀌기 때문에 5월에 쥬얼리를 구매한다면 최신 스타일과 디자인을 최신 상태로 유지하는 것이 좋습니다. 최신 보석 트렌드를 보여주고 추천을 해주는 기사, 블로그 또는 소셜 미디어 인플루언서를 참고 하시면 좋을 것 같습니다.

판매 및 프로모션 : 일부 소매점에서는 5월 한 달 동안 에메랄드 보석을 특별 할인하거나 할인할 수 있으므로 가능한 많이 알아보고 구입을 하시기를 바랍니다. 지금은 선물을 사러 가거나 자신의 컬렉션에 추가하기에 좋은 타이밍이 될 수 있습니다.

§ 에메랄드 반지 작업 방법

에메랄드 반지를 디자인하고, 만들고, 수리하는 것이든 간에 에메랄드 반지를 만들기 위해서는 원석, 보석 디자인, 그리고 장인 기술에 대한 약간의 지식이 필요합니다. 다음은 에메랄드 반지 작업 시 따라야 할 몇 가지 일반적인 단계입니다:

탄생석 생성과 세공기술

설계 및 계획 :
a. 당신의 디자인을 스케치하거나 여러 디자인을 참고 하여 자신이 만들고자 하는 모습으로 실현하시기 바랍니다.
b. 링 밴드의 금속 종류(금, 은, 백금 등)를 선택합니다.
c. 에메랄드의 크기와 모양을 결정하고 디자인에 추가적인 포인트 스톤 또는 디테일을 원하는지 결정합니다.

소싱 자료 :
a. 색상, 선명도, 컷, 캐럿 무게 등의 요소를 고려하여 에메랄드를 구매합니다. 보석 전문가와 상담하여 품질이 좋은 보석을 선택할 수 있도록 하여야 합니다.
b. 설계에 필요한 금속 및 추가 원석을 구입을 합니다.

반지 만들기 :
a. 쥬얼리 제작 경험이 있으신 분들은 주물, 납땜, 석재 세팅 등의 기술을 이용하여 직접 반지를 제작하실 수 있습니다. 세공사의 토치, 권심, 세팅 펜치와 같은 특수 공구와 장비가 필요할 수 있습니다.
b. 만약 당신이 보석 제작에 경험이 없다면, 당신의 디자인에 따라 반지를 만들기 위해 많은 정보를 찾아 보고 미리 연습하셔야 합니다. 때로는 전문 세공사를 통해서 당신이 조달한 자료를 제공하고 디자인의 세부 사항에 대해 논의 하여도 괜찮습니다.

마무리 작업 :
a. 일단 반지가 만들어지면, 반지의 아름다움을 완전히 드러내기 위해서는 윤을 내고, 다듬어야 합니다. 작업자는 더욱 더 아름다운 광택을 얻기 위해 다양한 연마 화합물과 도구를 사용할 수 있습니다.
b. 링에 결함, 느슨한 돌 또는 기타 수정이 필요한 문제가 있는지 검사합니다.

유지관리 및 관리 :
a. 에메랄드 반지를 최상의 상태로 유지하기 위해서는 부드럽고 축축한 천과 순한 비누로 정기적으로 닦도록 합니다. 에메랄드가 손상될 수 있으므로 거친 화학물질이나 초음파 세척기를 사용하지 말아 주셔야 합니다.
b. 운동이나 집안/정원 가꾸기와 같이 반지를 손상할 수 있는 활동을 하는 동안 반지를 잠시 빼어서 따로 보관하여야 합니다.
c. 반지는 적어도 일 년에 한 번은 전문 세공사에게 검사받아 돌이 단단히 고정되어 있는지 확인하고 필요한 수리를 해야 합니다.

기존 에메랄드 반지를 수리하는 경우 공정이 다를 수 있습니다. 어떤 부분이 손상이 되어, 어떤 수리가 필요한지 결정해야 하며, 필요한 작업을 완료하기 위해 전문 세공사를 통해서 상담해야 합니다.

§ 에메랄드 반지 디자인 유형

에메랄드 반지는 고전적인 스타일에서 현대적인 스타일에 이르기까지 다양한 디자인으로 나옵니다. 인기 있는 에메랄드 반지 디자인은 다음과 같습니다:

솔리테어(Solitaire) : 단 하나의 에메랄드 반지는 일반적으로 단순한 밴드가 있는 단일 에메랄드를 중심에 두도록 합니다. 전체적으로 원석에 초점을 맞추고 있으며, 원석의 색상과 아름다움을 보여줄 수 있습니다.

헤일로(Halo) : 에메랄드가 중앙에 있으며, 작은 다이아몬드나 다른 원석으로 둘러싸는 후광 디자인으로 전체적인 외관을 개선하고 중앙

탄생석 생성과 세공기술

의 에메랄드가 더 크게 돋보이게 합니다.

쓰리스톤(Three-Stone) : 3개의 돌로 된 에메랄드 반지는 중앙 에메랄드에 두 개의 다른 원석, 종종 다이아몬드나 더 작은 에메랄드가 옆에 있는 것을 특징으로 합니다. 이 디자인은 관계의 과거, 현재, 미래를 상징할 수 있습니다.

빈티지(Vintage) : 빈티지에서 영감을 받은 에메랄드 디자인은 아르데코, 빅토리아, 에드워드와 같은 역사적인 보석 스타일의 요소들을 통합합니다. 이 반지들은 밀알, 필리그리, 조각과 같은 복잡한 세부 사항들을 특징으로 표현이 되어 있습니다.

파베(Pave) : 파베 세트 링은 작은 다이아몬드나 다른 원석들이 밴드를 따라 촘촘하게 세팅되어 연속적이고 반짝이는 표면의 환상을 만듭니다. 에메랄드가 중심이 되어 포인트 될 수 있으며, 이 밴드 라인으로 둘러싸여 있습니다.

베젤(Bezel) : 베젤 세트의 에메랄드 반지가 금속 테두리로 원석을 감싸 현대적이고 보호적인 설정을 보여 줄 수 있습니다. 이 디자인은 에메랄드가 손상될 위험을 최소화하기 때문에 활동적인 라이프스타일을 가진 사람들에게 적합합니다.

클러스터(Cluster) : 여러 개의 더 작은 원석을 함께 그룹화하여 더 큰 중앙석의 아름다움을 북돋아 줍니다. 에메랄드는 다양한 모양과 배열로 다이아몬드나 다른 원석으로 둘러싸인 중앙 포인트가 될 수 있습니다.

스플릿 섕크(Split Shank) : 스플릿 섕크 링은 중앙 에메랄드에 접근할 때 두 개 이상의 가닥으로 분할되는 띠를 가지고 있습니다. 이 디자인은 시각적인 흥미를 더해주고 반지를 더 실속 있게 보이게 할 수 있습니다.

컨템포러리(Contemporary) : 전통적인 남북 방향 대신 동서 방향은 손가락을 가로질러 에메랄드를 수평으로 배치합니다. 이 독특한 디자인은 에메랄드 반지에 현대적인 반전을 줍니다.

스태킹(Stacking) : 스태킹 가능한 에메랄드 반지는 다른 반지와 함께 착용하도록 설계되어 레이어드한 느낌을 줍니다. 그들은 보통 날씬한 프로필을 가지고 있고 다른 밴드나 원석 고리와 섞어서 매치할 수 있습니다.

에메랄드 반지 디자인의 몇 가지 예에 불과합니다. 디자인을 선택할 때는 착용자의 개인적인 스타일, 에메랄드의 모양과 크기, 추가적인 원석이나 금속 유형을 고려하여, 자신에게 가장 맞는 디자인을 선택해야 합니다.

탄생석 생성과 세공기술

6월의 보석 : 진주

* 진주 이야기

 진주는 고대 그리스에서 사랑의 여신인 아프로디테가 바다의 거품에서 탄생할 때 몸에서 떨어진 물방울이 진주가 되었다는 이야기가 있습니다.

 기원전 3200년경부터 이집트에서는 장신구로 사용하고 있었으며, 페르시아 왕의 왕관에도 진주가 사용되었듯이 진주에 대한 상징성을 가지고 있었습니다.

 진주는 인어의 눈물, 달의 눈물, 바다의 눈물이라고 불리는 아름답고 신비한 보석입니다. 진주를 빛에 비춰보면, 은은한 무지개 색깔이 나는 우유빛 진주가 가장 대표적이지만 백색부터 흑색까지 다양한 색상을 가지고 있습니다.

진주를 착용하는 것만으로도 건강해지고 장수할 수 있다는 설이 있다고 하여, 오랫동안 살아가고자 하는 이들에게는 진주는 좋은 아이템으로 각광을 받아 몸에 착용을 많이 하고, 젊음과 건강을 유지시켜 준다고 믿고 있다는 이야기도 있습니다.

 그리고, 진주를 갈아서 가루로 내 상처 입은 곳에 바르면 지혈제로 쓸 수 있으며 눈병과 소화장애, 정신병, 심장병 등에도 진주를 사용하였다고 합니다.

 실제로 진주는 민물과 바다에서 연체동물 즉, 굴과 섭조개에서 생성되며 조개의 껍데기와 조갯살 속에 들어온 이물질(모래알 또는 기생물)로부터 스스로를 보호하기 위한 반응에서 탄생한 것입니다.

 즉 조개 체내에 모래알이나 기타 이물질이 들어갔을 경우 조개는 진주 질을 오랜 시간 동안 분비해 이물질을 감싸게 되는데 이것이 진주가 만들어지는 과정입니다.

§진주 종류

 진주는 15세기에 다이아몬드의 연마법이 발명되기 전까지는 보석으로서 제일 소중히 여겨졌다고 합니다. 그것은 천연산의 조개에 드물게 생겨나기 때문에 희소성이 존중되었던 것으로부터 발생이 되었습니다.

 진주는 여러 종류가 있는데 각각 독특한 특성과 가치를 가지고 있는데, 천연진주는 조개류에 천연으로 생긴 진주를 말하며, 진주의 모체인 조개를 인위적으로 양식하여 조개 속에 인공 핵을 삽입하여 진주가 자연적으로 만들어지도록 한 것입니다.

탄생석 생성과 세공기술

가장 잘 알려진 종류의 진주는 다음과 같습니다.

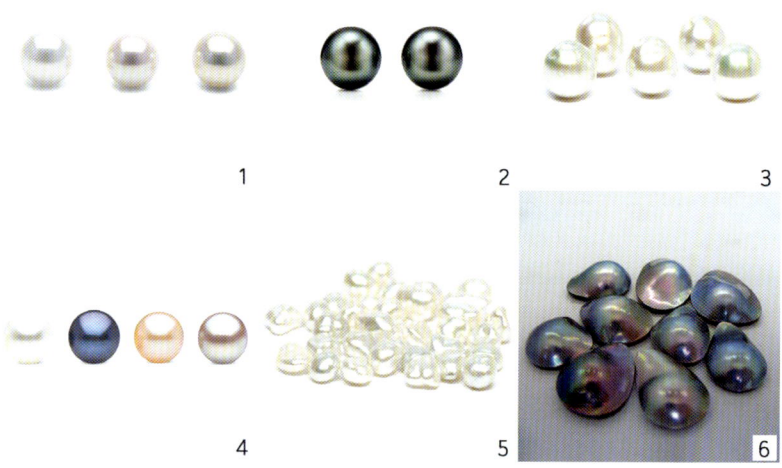

1
2
3
4
5
6

 아코야 진주(Akoya Pearl)⑴ : 아코야 진주는 주로 일본, 중국, 베트남에서 생산되는 해수 양식 진주입니다. 그들은 둥근 모양, 높은 광택, 그리고 비교적 일정한 크기로 알려져 있습니다. 아코야 진주는 종종 고급 보석에 사용되며 흰색, 크림색, 은색, 그리고 핑크색과 녹색의 미묘한 색조를 포함하여 다양한 색상으로 나옵니다.

 타히티 진주(Tahitian Pearl)⑵ : 타히티 진주는 프랑스령 폴리네시아가 원산지인 검은 입술의 핀카다 마가리티페라 굴에서 채취한 해수 양식 진주입니다. 더 큰 크기, 독특한 모양, 그리고 아름다운 색조를 가진 검은색, 회색, 녹색, 파란색, 그리고 보라색과 같은 다양한 색깔로 알려져 있습니다. 타히티의 진주는 이국적이고 극적인 모습 때문에 많은 사람들이 찾고 있습니다.

남양 진주(South sea Pearl)[3] : 남양 진주는 호주, 인도네시아, 필리핀의 바다에서 발견되는 Pinctada maxima 굴에 의해 생산되는 해수 양식 진주입니다. 크기가 9mm에서 20mm에 이르는 가장 크고 가치 있는 진주 중 하나입니다. 남해 진주는 흰색, 크림색, 금색, 그리고 은색을 포함한 다양한 색상으로 부드럽고 새틴한 광택이 납니다.

담수 진주(Fresh water Pearl)[4] : 담수 진주는 중국을 중심으로 담수 홍합에서 양식되며, 해수 진주에 비해 풍부하고 가격도 저렴합니다. 그들은 흰색, 크림색, 분홍색, 복숭아색, 라벤더색, 심지어 염색한 색을 포함하여 다양한 모양, 크기, 그리고 색깔로 나옵니다. 담수 진주는 둥글거나 불규칙한 모양(바로크)을 가질 수 있으며, 다양한 보석 스타일로 사용되는 경우가 많습니다.

케시 진주(Keshi Pearl)[5] : 케시 펄은 진주 재배 과정의 부산물로 핵 없이 형성됩니다. 그들은 민물과 바닷물 연체동물 모두에서 발견될 수 있습니다. 케시 진주는 불규칙하거나 바로크 형태로 다양한 모양으로 나오고 광택이 높습니다. 그들의 크기, 색깔, 그리고 모양은 연체동물의 종류와 배양 환경에 따라 다릅니다.

마베 진주(Mabe Pearl)[6] : 물집 진주라고도 알려진 마베 진주는 연체동물의 조직 안이 아니라 내부 껍질에 부착되어 자라는 배양된 반 진주입니다. 마베 진주는 일반적으로 반구형 또는 돔형이며 귀걸이, 펜던트, 브로치와 같은 보석에 사용됩니다. Pinctada maxima와 Pinctada margaritifera와 같은 소금물 굴에서 발견됩니다.

이용할 수 있는 많은 종류의 진주의 몇 가지 예에 불과합니다. 각각의 진주는 그들만의 독특한 특성이 있습니다.

다양한 스타일의 보석과 개인적인 취향을 고려하여 제작 하거나 수

탄생석 생성과 세공기술

집 하기 좋은 선택하기를 바랍니다.

§6월의 쥬얼리

6월은 진주는, 알렉산드라이트, 그리고 달의 돌과 연관된 세 개의 탄생석을 가지고 있기 때문에 진주 보석에게도 특별한 달이 되고 있습니다. 각각 여러 가지 형태의 원석은 독특한 특징과 아름다움을 가지고 있어서 선택에 따라 6월의 보석을 다용도로 만들고 다양한 악세사리 완성품으로 만날 수 있습니다.

다음은 6월에 인기 있는 진주 쥬얼리 악세사리입니다.

진주 귀걸이⑴ : 진주 귀걸이는 많은 스타일로 나옵니다. 단순한 스터드가 있으며, 종종 하나의 진주를 특징으로 하거나 더 정교한 방울이나 샹들리에 귀걸이가 있습니다. 어떤 귀걸이는 펄을 다른 원석이나 다이아몬드와 결합하여 반짝임을 더해줍니다.

진주 목걸이⑵ : 가장 전통적인 진주목걸이는 한 줄로 묶은 진주이지만 그 외에도 여러 가지 스타일이 있습니다. 펜던트는 다이아몬드로 둘러싸인 하나의 커다란 진주를 특징으로 할 수 있습니다. 진주가 체인을 따라 간격을 두고 있는 "주석 컵" 스타일의 목걸이도 있습니다.

진주 반지⑶ : 진주 반지는 하나의 진주가 특징인 단순하고 우아한 디자인에서부터 다이아몬드나 다른 원석으로 정교한 세팅까지 다양합니다. 진주는 황금, 백금 또는 은으로 만들 수 있습니다.

진주 팔찌⑷ : 목걸이처럼, 진주 팔찌는 짝을 이루는 진주 한 가닥으로 만들 수도 있고, 사슬에 진주를 띄워서 만들 수도 있습니다. 하나 이상의 진주가 특징인 뱅글 팔찌도 있습니다.

진주 브로치⑸ : 진주 브로치는 덜 흔하지만, 꽤 아름다울 수 있습니다. 그들은 종종 다른 원석이나 복잡한 금속 환경에서 더 큰 디자인의 일부로 하나 이상의 진주를 특징으로 할 수 있습니다.

진주의 고전적인 이미지는 둥글고 하얀 원석이지만, 진주는 실제로 다양한 모양(바로크 진주와 같은)과 색상(검은색에서 분홍색까지)으로 나타납니다.

진주의 종류(아코야, 담수, 남해, 타히티안)도 보석의 모양과 가격에 영향을 미치고 있습니다. 항상 그렇듯이, 신뢰할 수 있는 출처에서 구매하고 더 비싼 작품에 대한 평가를 받는 것이 중요합니다.

탄생석 보석 외에도, 6월은 결혼식, 그리고 다른 기념일들로 인기 있는 달입니다. 이러한 경우에는 꽃무늬가 있는 조각, 파스텔 색상 또는

탄생석 생성과 세공기술

 더 가볍고 섬세한 디자인과 같이 계절을 반영하는 보석을 고려할 수 있습니다.

 항상 그렇듯이, 6월 보석을 선택할 때 구매하려는 사람의 개인적인 스타일과 선호도를 고려하여 선택하여야 합니다.

§진주 반지 작업 방법

 진주 반지를 디자인하고, 만들고, 수리하는 일은 원석, 보석 디자인, 그리고 진주에 대한 지식이 필요합니다. 진주는 섬세하기 때문에 취급 및 세팅 시 특별한 주의가 필요합니다. 다음은 진주 반지 작업 시 따라야 할 몇 가지 일반적인 단계입니다:

 설계 및 계획 :
a. 당신의 디자인을 스케치하거나 전문 보석 디자이너와 상의하여 당신의 진주 반지에 대한 컨셉을 만들어 봅니다.
b. 링 밴드의 금속 종류(금, 은, 백금 등)를 선택합니다.
c. 사용할 진주의 크기, 모양 및 종류를 결정하고 디자인에 추가적인 포인트 스톤 또는 디테일을 원하는지 결정합니다.

 소싱 자료 :
a. 크기, 모양, 색상, 광택, 표면 품질 등의 요소를 고려하여 고품질 진주를 구입합니다. 진주/보석 전문가와 상담하여 고품질 진주를 선택할 수 있도록 하여야 합니다.
b. 설계에 필요한 금속 및 추가 원석을 조달합니다.

 반지 만들기:
a. 쥬얼리 제작 경험이 있으신 분들은 주물, 납땜, 석재 세팅 등의 기

술을 이용하여 직접 반지를 제작하실 수 있습니다. 작업자의 토치, 권심, 세팅 펜치와 같은 전문적인 도구와 장비가 필요할 것입니다.
b. 만약 당신이 보석 제작에 경험이 없다면, 당신의 디자인에 따라 반지를 만들기 위해 사전에 연습을 통해서 준비하여야 합니다. 때로는 세공사에게 당신이 조달한 자료를 제공하고 디자인의 세부 사항에 대해 논의 하도록 합니다.

진주 세팅 :
a. 진주는 섬세하고 열에 의해 손상될 수 있으므로 모든 납땜 및 기타 열 집약적인 공정이 완료된 후 진주를 세팅하는 것이 중요합니다.
b. 펄 세팅 방법은 글루, 프롱, 베젤 등 다양합니다. 설계를 보완하면서 펄에 대한 적절한 보안 및 보호 기능을 제공하는 설정을 선택합니다.
c. 진주를 직접 세팅하는 것이 부담스럽다면 진주 작업 경험이 있는 전문 세공사와 논의하신 후 준비하셔야 합니다.

마무리 작업 :
a. 반지가 제작되고 진주가 세팅되면 금속을 광택을 내기 위해 광택을 내고 세척합니다. 진주 주변을 청소할 때는 손상되지 않도록 조심해야 합니다.
b. 링에 결함, 느슨한 돌 또는 기타 수정이 필요한 문제가 있는지 검수하도록 하셔야 합니다.

유지관리 및 관리 :
a. 진주 반지를 최상의 상태로 유지하기 위해서는 부드럽고 축축한 천으로 정기적으로 닦으세요. 거친 화학물질, 증기 또는 초음파 세척제는 펄을 손상할 수 있으므로 사용하지 말아야 합니다.
b. 운동을 하거나 집안일/정원 가꾸기와 같이 반지를 손상할 수 있는 활동을 하는 동안 반지를 안전한 장소에 두신 후에 하셔야 합니다.

탄생석 생성과 세공기술

c. 반지는 적어도 일 년에 한 번은 전문 세공사에게 검사받아 진주가 단단히 고정되어 있는지 확인하고 필요에 따라 수리를 맡기도록 해야 합니다.

 기존 진주 반지를 수리하는 경우 공정이 다를 수 있습니다. 진주 반지가 손상되었다면 어떤 부분인지 정확히 인지하고, 어떤 수리가 필요한지 결정해야 하며, 필요한 작업을 완료하기 위해 전문 세공사와 상담 후 요청해야 합니다.

§진주반지 디자인 타입

 다양한 취향과 스타일에 맞는 다양한 진주 반지 디자인이 있습니다. 인기 있는 진주 반지 디자인 유형은 다음과 같습니다.

 솔리테어(Solitaire) : 솔리테어 진주 반지는 종종 단순하거나 복잡하게 디자인된 밴드에 세팅된 단일 진주를 중심에 있도록 합니다. 이 클래식한 디자인은 진주의 아름다움을 보여주며 캐주얼과 정장 모두에 적합합니다.

 헤일로(Halo) : 헤일로 디자인은 진주를 중앙에 두고 작은 원석, 전형적으로 다이아몬드로 둘러쌉니다. 이 설정은 진주의 전체적인 외관을 개선하고 반지에 화려함과 반짝임을 더해줍니다.

 바이패스(Bypass) : 바이패스 디자인으로 링 밴드가 펄을 중심으로 분할 및 곡선 처리되어 유니크하고 모던한 느낌을 줍니다. 밴드는 단순하거나 다이아몬드 또는 기타 원석으로 장식되어 디테일을 더할 수 있습니다.

클러스터(Cluster) : 진주 주위에 여러 개의 작은 원석을 그룹화하여 더 크고 복잡한 중앙 조각의 아름다움을 부각 시키도록 만듭니다. 원석은 다이아몬드, 색이 있는 원석 또는 둘의 조합일 수 있습니다.

빈티지 제품(Vintage) : 빈티지에서 영감을 받은 진주 반지는 아르데코, 빅토리아, 에드워드와 같은 역사적인 보석 스타일의 요소들을 통합합니다. 이러한 디자인은 필리그리, 밀그레인 또는 조각과 같은 복잡한 세부 사항을 특징으로 하며, 추가적인 감각을 위해 악센트 원석을 포함 시켜 포인트를 줄 수 있습니다.

베젤(Bezel) : 베젤 진주 링이 금속 테두리로 진주를 감싸고 있어 날렵하고 현대적인 외관을 보여 주도록 합니다. 이 설정은 진주를 추가로 보호하므로 활동적인 라이프스타일을 가진 사람들에게 적합한 유형이 됩니다.

더블 펄(Double) : 더블 펄 링은 두 개의 펄을 특징으로 하며, 종종 나란히 놓거나 바이패스 디자인으로 되어 있습니다. 이 스타일은 두 사람 사이의 유대감을 상징할 수도 있고, 독특하고 눈길을 끄는 모습을 제공할 수도 있습니다.

스태킹(Stacking) : 스태킹 펄 링은 다른 링과 함께 착용할 수 있도록 설계되어 레이어드 룩을 연출합니다. 그들은 보통 날씬한 프로필을 가지고 있고 다른 밴드나 원석 고리와 섞어서 매치할 수 있습니다.

이것들은 진주 반지 디자인의 몇 가지 예에 불과합니다. 디자인을 선택할 때는 착용자의 개인적인 스타일, 진주의 크기와 모양, 그리고 추가적인 원석이나 금속 유형을 자신이 만들거나 소장하고자 하는 유형을 고려 하여 구입하시기를 바랍니다.

탄생석 생성과 세공기술

7월의 보석 : 루비

* 루비 이야기

 루비는 타오르는 불꽃 같은 사랑을 상징한다고 합니다. 7월의 탄생석으로 결혼 15주년 혹은 40주년을 기념하는 보석으로도 사용이 된다고 합니다.

 14세기 전에는 루비보다 사파이어가 사랑받던 보석이었으나, 이 시점을 계기로 루비가 더욱 귀중한 보석으로 간주하기 시작하였다고 합니다. 대부분의 왕관이나 왕의 복식을 치장하던 보석으로 루비가 현저하게 증가하였던 시점이 바로 이 시기였음을 알 수 있습니다.

 다른 유색 보석도 그렇지만 루비에서의 내포물은 루비의 외관을 크게 손상하지 않는 한 보석의 가치를 크게 저하하지는 않는다고 합니다. 실제로 내포물이나 결함은 합성이 아닌 자연산 루비라는 증거로도 활용되기도 합니다.

그러나 보석의 중앙에 박혀있어 흉물스럽게 드러나 보이게 되면서 이야기가 달라졌습니다. 어떤 루비는 내포물로서 섬유상 금홍석(루틸) 결정들이 방사상으로 들어가 성채를 갖는데, 그런 루비는 투명한 루비와는 다른 아름다움을 선사하는 돌로서 매우 높은 가치를 갖기 시작하였습니다.

루비는 미얀마의 모곡 지역에서 산출되는 피죤 블러드 색을 가진 모곡 루비를 가장 선호한다고 합니다. 최상의 모곡 루비 거래가격은 1캐럿 당 20만 달러를 넘어설 정도의 높은 가치를 가지고 있습니다. 이외에도 베트남, 파키스탄, 라오스, 네팔, 아프가니스탄, 케냐와 탄자니아에서도 루비가 주로 많이 산출된다고 합니다.

양질의 루비는 5캐럿 이상의 크기를 갖는 원석이 매우 드물게 산출되므로, 크기가 커질수록 그 가치는 더 높아지게 되는데, 어느 지역에서 산출되든지 간에 루비를 고를 때에는 색이 가장 중요합니다. 광물학이 발전하기 이전에는 색으로만 루비를 잘못 인식한 경우가 많았습니다. 적색의 석류석(가넷), 적색의 첨정석(스피넬) 등도 한때는 루비로 알려져 왔다가 이내 분류가 되었습니다. 영국의 왕관에 자리 잡고 있는 "흑태자 루비"라고 불리는 보석은, 실제로는 빨간색의 첨정석이었음이 나중에 밝혀진 예가 대표적인 경우로 알 수 있습니다.

루비의 적색이 연상시키는 것은 불(火)과 피(血)라고 생각 하였습니다. 이는 곧 뜨겁고, 정열적인 것과, 강력한 힘과 권위를 상징함이다. 실제로 많은 유럽의 궁중 화가들이 그린 왕이나 왕족들의 초상화

탄생석 생성과 세공기술

에는 이 돌로 치장한 이들이 등장하는 것을 알 수 있습니다. 우리가 잘 아는 영국 왕실의 헨리 8세, 엘리자베스 1세, 제임스 1세의 초상화에도 이 루비는 당연하다는 듯이 등장하는 초상화를 볼 수 있습니다.

§루비 종류

루비는 알루미늄 산화물($Al2O3$) 결정인 광물 코룬덤의 다양한 종

류입니다. 그들은 적은 양의 크롬으로부터 그들의 빨간색을 얻습니다. 루비는 결정에 존재하는 크롬과 다른 미량 원소의 양에 따라 분홍색에서 짙은 빨간색에 이르는 다양한 빨간색 색조에서 발견될 수 있습니다. 다음은 원산지와 색상에 따른 루비의 몇 가지 유형입니다:

버마 루비(Burma Ruby)[1] : 미얀마 또는 모곡 루비로도 알려진 이 루비들은 세계에서 가장 가치 있고 인기 있는 루비들 중 일부입니다. 그들은 미얀마의 모곡 지역에서 발견되고 종종 "비둘기의 피 붉은"이라고 불리는 짙은 빨간색으로 유명합니다. 그들은 독특한 형광을 가지고 있어서, 그들에게 특별한 색과 빛을 줍니다.

태국 루비(Thai Ruby)[2] : 이 루비들은 태국, 주로 찬타부리와 칸차나부리 지역에서 발견됩니다. 그들은 전형적으로 더 높은 철분 함량 때문에 더 어둡고 갈색을 띤 붉은 색을 띠는데, 이것은 때때로 버마 루비에 비해 덜 생생하고 덜 밝게 보이게 할 수 있습니다.

아프리카 루비(African Ruby)[3] : 아프리카 루비는 주로 탄자니아, 모잠비크, 케냐, 그리고 마다가스카르와 같은 나라에서 공급됩니다. 그것들은 분홍빛이 도는 빨강부터 깊은 빨강까지 다양한 색상으로 나오며, 일반적으로 버마 루비보다 더 저렴합니다. 특히 모잠비크 루비는 최근 몇 년 동안 높은 품질과 놀라운 색상으로 인기를 얻었습니다.

스리랑카 루비(SriLankan Ruby)[4] : 실론 루비라고도 알려진, 이것들은 스리랑카에서 발견되고 일반적으로 분홍색에서 자홍색까지 다양한 색상으로 더 밝습니다. 그들은 뛰어난 투명성으로 알려져 있습니다.

인도 루비(Indian Ruby)[5] : 인도 루비는 오디샤, 안드라 프라데시,

탄생석 생성과 세공기술

카르나타카와 같은 지역에서 발견됩니다. 그들은 보통 강한 분홍색이나 보라색을 띠며, 선명도는 매우 다양할 수 있습니다.

아프가니스탄 루비(Afghanistan Ruby)[6] : 이 루비들은 아프가니스탄의 제그달렉 지역에서 발견됩니다. 그들은 핑크빛이 도는 빨간색에서 깊은 빨간색까지 다양한 높은 선명도와 아름다운 색으로 유명합니다.

모잠비크 루비(Mozambique Ruby)[7] : 이 루비들은 모잠비크의 몬테푸에즈 지역에서 발견이 되었습니다. 모잠비크 루비는 높은 품질, 깊은 빨간색, 그리고 뛰어난 선명도로 인해 인기를 얻었습니다.

스타 루비[8] : 이것은 지리적 다양성이 아니라 일부 루비에서 발생하는 독특한 현상입니다. 별 루비는 루타일이라고 불리는 바늘 모양의 작은 포함물에서 반사되는 빛에 의해 발생하는 광학적 효과인 성상을 보여줍니다. 이것은 하나의 광원 아래에서 볼 때 원석의 표면에 6개의 별 모양을 만듭니다.

루비의 품질, 가치 및 외관은 색상, 선명도, 컷, 캐럿 무게와 같은 요소에 따라 각 유형 내에서 크게 달라질 수 있습니다.

§7월의 쥬얼리

7월은 루비의 탄생석과 연관되어 있어 루비 보석을 이 달에 태어난 사람들에게 인기 있고 의미 있는 선택 중에 하나로 만들어 줍니다.

깊은 빨간색 원석은 사랑, 열정, 그리고 용기를 상징하며, 사려 깊고 감상적인 선물로 만듭니다.

루비가 등장하는 7월 보석의 악세사리는 다음과 같습니다.

루비 귀걸이⑴ : 루비 귀걸이는 스터드, 드롭 귀걸이, 그리고 후프와 같은 다양한 스타일로 나눌 수 있습니다. 둥근 모양, 타원형 또는 쿠션 컷과 같은 다양한 모양의 루비를 특징으로 할 수 있으며, 더 복잡한 디자인을 위해 다른 원석이나 다이아몬드와 짝을 이룰 수 있습니다.

루비 목걸이⑵ : 루비 시리즈 또는 하나의 더 큰 루비를 중심으로 한 루비 목걸이는 정교하고 고급스러운 보석일 수 있습니다. 루비 펜던트나 귀걸이와 짝을 이뤄 한 세트를 완성하면 더 아름답게 꾸밀 수 있습니다.

루비 반지⑶ : 루비 반지는 7월 탄생석 보석의 제일 기본적인 선택입니다. 단순한 솔리테어일 수도 있고 다이아몬드나 다른 원석으로 더

탄생석 생성과 세공기술

정교한 디자인일 수도 있습니다. 루비 반지는 영원한 사랑과 열정을 상징하는 약혼반지로도 사용될 수 있습니다.

 루비 팔찌(4) : 테니스 팔찌나 뱅글과 같은 루비 팔찌는 아름답고 눈길을 끄는 보석이 될 수 있습니다. 금, 은 또는 백금으로 세팅된 루비를 특징으로 할 수 있으며, 인상적인 외관을 위해 루비와 다이아몬드를 번갈아 디자인할 수 있습니다.

 루비 브로치(5) : 루비 브로치는 독특하고 다재다능한 보석일 수 있습니다. 재킷이나 블라우스, 스카프 등에 착용할 수 있어 어떤 의상에도 우아함과 컬러감을 더해줍니다.

 루비 보석을 선택할 때는 받는 사람의 개인적인 스타일과 선호도, 루비의 품질, 금속 유형(예: 골드, 실버 또는 플래티늄) 등의 요소를 고려해야 합니다. 루비가 윤리적으로 조달될 수 있게 채굴되도록 하는 것도 중요합니다.

§ 루비 반지 작업 방법

 작업은 루비 반지를 디자인하는 것에서부터 원석을 세팅하고 작품 완성까지 마무리하는 것을 다양한 단계로 진행합니다.

다음은 프로세스를 이해하는 데 도움이 되는 일반 가이드입니다.

 링 설계 :
a. CAD(Computer-Aided Design) 소프트웨어를 사용하여 디자인을 스케치하거나 디지털 렌더링을 통해서 만들어 봅니다.
b. 금속 유형(금, 은 또는 백금)과 원하는 마감(연마, 무광 또는 질

감)을 결정합니다.
c. 절단면, 색상, 선명도 및 캐럿 무게를 고려하여 디자인에 통합할 루비 및 기타 원석을 선택합니다.

링 만들기 :
a. CAD 소프트웨어를 사용하는 경우 디자인의 3D 모델을 만들고 3D 프린터를 사용하여 왁스 또는 수지 모델을 인쇄합니다.
b. 또는 조각 도구와 파일을 사용하여 반지의 왁스 모델을 손으로 조각할 수 있습니다.
c. 인베스트먼트 캐스팅 또는 고무 금형 제작 기법을 사용하여 왁스 또는 수지 모델의 금형을 제작합니다.
d. 용해된 금속(금, 은 또는 백금)을 금형에 부어 링을 만듭니다. 금형에서 금속을 제거하기 전에 금속이 냉각되고 경화되도록 두어야 합니다.
e. 사포 및 연마 도구를 사용하여 링을 청소하고 마무리하여 결함을 제거하고 원하는 모습으로 마무리합니다.

루비 설정 :
a. 루비의 적절한 설정 세팅(예: 프롱, 베젤 또는 채널 설정)을 선택합니다.
b. 루비의 크기를 주의 깊게 측정하고 금속에 원석을 넣을 자리를 만듭니다.
c. 루비를 시트에 놓고 선택한 설정 방법을 사용하여 고정합니다. 프롱 설정의 경우 펜치 한 쌍을 사용하여 원석 위에 프롱을 구부려 단단히 맞춥니다. 베젤 또는 채널 설정의 경우 광택 도구를 사용하여 원석 주위의 금속을 누릅니다.
d. 설정을 검사하여 루비가 단단히 고정되어 있고 올바르게 정렬되어 있는지 확인합니다.

탄생석 생성과 세공기술

마무리 작업 :
a. 세공사의 연마포 또는 연마기를 사용하여 원하는 마무리를 할 수 있도록 링을 연마합니다.
b. 원하는 경우 조각 도구 또는 레이저 조각 기계를 사용하여 링에 추가 세부 정보 또는 조각을 추가합니다.
c. 최종 조각을 검사하여 루비가 안전하고 디자인이 정확하며 마감이 완벽한지 확인합니다.

 루비 반지 작업은 특히 원석 설치와 관련하여 전문적인 기술과 도구가 필요합니다. 만약 보석 제작 경험이 없다면 전문 세공사와 상담해 맞춤형 루비 반지 제작을 시포트 받으면서 제작하는 것이 좋습니다.

§ 루비 반지 디자인 유형

 루비 반지에는 다양한 디자인 종류가 있으며, 각각 독특한 스타일과 매력을 가지고 있습니다. 다음은 고려해야 할 몇 가지 일반적인 루비 링 디자인 유형입니다:

 솔리테어(Solitaire) : 이 디자인은 하나의 루비를 센터피스로 사용하며 프롱, 베젤 또는 텐션 설정으로 합니다. 심플한 솔리테어 반지는 루비의 아름다움을 강조하며 클래식하고 우아한 스타일을 감상하는 사람들에게 완벽히 어울립니다.

 헤일로(Halo) : 헤일로 디자인은 작은 다이아몬드나 원석으로 둘러싸인 루비가 중앙에 배치하도록 구성되어 있습니다. 이 디자인은 반짝임을 더하고 중앙 루비의 크기를 강조하여 더 크고 더 극적으로 보이게 합니다.

쓰리스톤(Three-Stone) : 이 디자인은 두 개의 더 작은 원석 또는 다이아몬드로 둘러싸인 중앙에 루비를 위치하게 합니다. 세 개의 돌은 과거, 현재, 미래를 상징할 수 있기 때문에 약혼반지나 기념일 선물로 의미 있는 선택이 됩니다.

빈티지(Vintage) : 빈티지 디자인은 아르데코, 빅토리아, 에드워드 스타일과 같은 다양한 역사적 시기에서 영감을 얻을 수 있습니다. 디자인은 복잡한 금속 세공, 필라멘트 및 조각을 통합하여 반지를 독특하고 고풍스러운 모양으로 만들 수 있습니다.

클러스터(Cluster) : 이 디자인은 루비와 다이아몬드를 교대 또는 군집 패턴과 같은 다양한 배열로 결합합니다. 진홍색 루비와 다이아몬드의 반짝임의 대비가 인상적이고 고급스러운 느낌을 줍니다.

파베(Pave) : 파베 디자인은 작은 루비들이 연속적인 밴드로 촘촘하게 세팅되어 마치 원석의 매끄러운 표면과 같은 착각을 일으키는 것이 특징입니다. 이 디자인은 중앙에 루비가 포인트를 주거나 반지의 주요 특징으로 사용할 수 있습니다.

겹겹이 쌓인 반지(Layered ring) : 겹겹이 쌓인 반지는 착용자가 다른 스타일, 금속, 원석을 혼합하고 매치할 수 있도록 함께 착용하도록 설계되었습니다. 루비를 쌓아 올릴 수 있는 반지는 다른 루비 반지나 다른 보석을 특징으로 하는 반지와 짝을 지어 개인화되고 다양한 모습을 연출할 수 있습니다.

루비 반지 디자인 유형을 선택할 때는 개인적인 스타일, 반지의 기회, 착용자의 선호도와 같은 요소를 고려해야 합니다. 또한 루비의 품질과 크기, 그리고 금속 타입과 세팅 스타일도 염두에 두시기를 바랍니다.

탄생석 생성과 세공기술

8월의 보석 : 페리도트

* 페리도트 이야기

 어원은 분명하지 않으나 라틴어로 보석을 뜻하는 faridat에서 유래 되었다는 설과, 고대 영어로 오팔의 한 종류를 뜻하는 페리도트에서 유래되었다는 설 등이 있다. 가장 오래된 관련 기록으로 홍해의 자바 가드(Zeberget) 섬에서 채취했다는 기록이 있는데, 이 당시에는 뿌연 안개 때문에 페리도트 채취가 힘들어 그리스어로 '찾아다니다'는 뜻을 지닌 토파즈라 불렀다고 합니다.

 유럽에는 십자군 전쟁 때 소개되어 교회 장식으로 널리 쓰였다고 합니다. 독일 쾰른 대성당의 성체현시대에는 200캐럿이 넘는 페리도트를 장식했다고 합니다.

 하와이에서는 원주민들이 다이아먼드헤드라는 화산 분화구에서 발건된 페리도트를 다이아몬드로 여겼기 때문에 '하와이안 다이아몬드'라고 했고, 중세 유럽에서는 밤이 되어도 빛을 잃지 않고 오히려 밤의 빛 아래에서 더욱 빛난다는 보석의 특징 때문에 '이브닝 에메랄드'라고 불리었습니다.

 태양이 내린 선물이라는 이미지와 함께 어두운 밤에도 빛을 잃지 않는 신비함 때문에 악령으로부터 보호하고 근심을 떨쳐버리기 위한 호신부로 쓰였는데, 이때는 금으로 장식하는 것을 으뜸으로 쳤다고 합니다.

 8월의 탄생석으로, 부부의 행복과 친구와의 화합, 지혜, 혁명, 성실, 덕망 등의 의미를 지녔다고 합니다. 또한 결혼 16주년을 기념하기 위해 추천되는 보석입니다.

§ 페리도트 종류

1

2

3

4

5

6

탄생석 생성과 세공기술

페리도트는 마그네슘 철 규산염으로 구성된 미네랄 올리빈의 보석 품질 품종입니다. 페리도트는 한 가지 유형만 있지만 소스 위치, 크기 및 트레이스 요소의 존재 여부와 같은 요인에 따라 색상, 품질 및 모양이 달라질 수 있습니다.

페리도트의 색깔은 밝은 황록색에서 깊은 올리브색까지 다양하며, 가장 바람직한 색조는 약간의 노란색 기미가 있는 밝고 선명한 녹색입니다. 색상은 결정 구조에 존재하는 철의 양에 의해 결정됩니다. 철분이 많을수록 녹색이 짙어집니다.

페리도트는 전 세계 여러 곳에서 발견될 수 있으며, 각각의 원천은 원석에 독특한 특징을 부여합니다.

파키스탄 페리도트(Pakistan Peridot)[1] : 파키스탄의 페리도트, 특히 수팟 지역의 페리도트는 풍부하고 짙은 녹색과 뛰어난 투명성으로 유명합니다. 파키스탄의 페리도트는 품질이 좋고 크기가 크기 때문에 매우 인기가 있습니다.

버마(미얀마) 페리도트(Myanmar Peridot)[2] : 버마의 페리도트는 종종 더 작은 크기로 발견되고 선명한 녹색을 보여줍니다. 그것은 품질과 강렬한 색상으로 존경받고 있습니다.

애리조나(미국) 페리도트(Arizona Peridot)[3] : 애리조나의 샌 카를로스 아파치 보호구역은 미국에서 페리도트의 중요한 원천입니다. 이 지역의 페리도트는 일반적으로 더 작은 크기에서 발견되며 밝은 황록색을 띤다.

중국 페리도트(Chinese Peridot)[4] : 중국의 페리도트는 밝은 황록색으로 알려져 있고 일반적으로 더 작은 크기에서 발견됩니다. 품질은 다양할 수 있지만, 중국산 페리도트는 종종 다른 소스의 페리도트보다 더 저렴합니다.

베트남 페리도트(Vietnam Peridot)[5] : 베트남의 페리도트는 깊고 선명한 녹색으로 유명하며 품질 면에서 파키스탄 페리도트와 자주 비교됩니다.

에티오피아 페리도트(Ethiopian Peridot)[6] : 에티오피아는 21세기 초에 퇴적물이 발견된 비교적 새로운 페리도트 공급원입니다. 에티오피아 페리도트는 밝은 녹색과 좋은 선명도로 유명합니다.

페리도트의 종류는 단 한 가지이지만, 색상, 선명도, 컷, 캐럿 무게 등의 요인에 따라 품질, 외관 및 가치가 달라질 수 있습니다. 페리도트를 선택할 때는 원석의 광채를 극대화하는 잘 다듬어진 컷과 최소한의 인크루전으로 밝고 선명한 그린 컬러를 선택하시길 바랍니다.

§8월의 쥬얼리

8월 탄생석 쥬얼리는 활기찬 녹색으로 유명한 아름다운 원석 페리도트를 특징으로 하며, 재생, 성장, 번영을 상징합니다.

페리도트 보석은 8월에 태어난 사람들이나 원석의 독특한 색깔과 특성을 감상하는 사람들을 위해 사려 깊고 의미 있는 선물로 전달되고 있습니다.

페리도트를 통해서 만들어지는 악세사리는 다음과 같습니다.

탄생석 생성과 세공기술

 페리도트 귀걸이⑴ : 페리도트 귀걸이는 스터드, 드롭 귀걸이, 후프 등 다양한 스타일로 출시됩니다. 그것들은 둥근 모양, 타원형 또는 쿠션 컷과 같은 다양한 모양의 페리도트를 특징으로 할 수 있으며, 더 복잡한 디자인을 위해 다른 원석이나 다이아몬드와 짝을 이룰 수 있습니다.

 페리도트 목걸이⑵ : 일련의 페리도트 또는 하나의 더 큰 페리도트를 중심으로 한 페리도트 목걸이는 정교하고 고급스러운 보석이 될 수 있습니다. 전체 세트를 위해 일치하는 페리도트 펜던트 또는 귀걸이와 페어링할 수 있습니다.

 페리도트 반지⑶ : 페리도트 반지는 8월 탄생석 보석을 위한 고전적인 선택입니다. 그것은 단순한 솔리테어일 수도 있고 다이아몬드나 다른 원석으로 더 정교한 디자인일 수도 있습니다. 페리도트 반지는 사랑과 헌신을 상징하는 약혼반지나 약속 반지로도 사용될 수 있습니다.

페리도트 팔찌⑷ : 테니스 팔찌나 뱅글과 같은 페리도트 팔찌는 아름답고 눈길을 끄는 보석이 될 수 있습니다. 금, 은 또는 백금으로 세팅된 페리도트를 특징으로 할 수 있으며, 인상적인 외관을 위해 페리도트와 다이아몬드를 번갈아 디자인할 수 있습니다.

페리도트 브로치⑸ : 페리도트 브로치는 독특하고 다재다능한 보석 조각이 될 수 있습니다. 재킷이나 블라우스, 스카프 등에 착용할 수 있어 어떤 의상에도 우아함과 컬러감을 더해줍니다.

페리도트 보석을 선택할 때는 받는 사람의 개인적인 스타일과 선호도, 페리도트의 품질 및 금속 유형(예: 골드, 실버 또는 플래티늄)과 같은 요소를 고려해야 합니다.

§ 페리도트 작업 방법

페리도트 보석 작업과 관련된 단계와 고려 사항은 다음과 같습니다.

디자인 설계 :
a. CAD(Computer-Aided Design) 소프트웨어를 사용하여 디자인을 스케치하거나 디지털 렌더링을 만듭니다.
b. 금속 유형(금, 은 또는 백금)과 원하는 마감(연마, 무광 또는 질감)을 결정합니다.
c. 절단면, 색상, 선명도 및 캐럿 무게를 고려하여 설계에 통합할 페리도트 및 기타 원석을 선택합니다.

왁스 모델 작성 :
a. CAD 소프트웨어를 사용하는 경우 디자인의 3D 모델을 만들고

탄생석 생성과 세공기술

3D 프린터를 사용하여 왁스 또는 수지 모델을 인쇄합니다.
b. 또는 조각 도구와 파일을 사용하여 보석의 밀랍 모형을 손으로 조각할 수 있습니다.
c. 인베스트먼트 캐스팅 또는 고무 금형 제작 기법을 사용하여 왁스 또는 수지 모델의 금형을 제작합니다.
d. 금형에 용해된 금속(금, 은 또는 백금)을 부어 보석을 만듭니다. 금형에서 금속을 제거하기 전에 금속이 냉각되고 경화되도록 두시기를 바랍니다.
e. 사포 및 연마 도구를 사용하여 결함을 제거하고 원하는 마감을 달성하면서 보석을 청소하고 마무리합니다.

고정 및 주변 점 설정 :
a. 프롱, 베젤 또는 채널 설정과 같은 주변 장치에 적합한 설정을 선택합니다.
b. 주변의 크기를 주의 깊게 측정하고 금속에 원석을 넣을 자리를 만듭니다.
c. 주변 도트를 시트에 놓고 선택한 설정 기법을 사용하여 고정합니다. 프롱 설정의 경우 펜치 한 쌍을 사용하여 원석 위에 프롱을 구부려 단단히 맞춥니다. 베젤 또는 채널 설정의 경우 광택 도구를 사용하여 원석 주위의 금속을 누릅니다.
d. 설정을 검사하여 주변점이 안전하고 올바르게 정렬되었는지 확인합니다.

마무리 작업 :
a. 세공사의 연마포 또는 연마기를 사용하여 원하는 마무리를 할 수 있도록 보석을 연마합니다.
b. 원하는 경우 조각 도구 또는 레이저 조각 기계를 사용하여 보석에 추가 세부 사항 또는 조각을 추가합니다.
c. 최종 조각을 검사하여 주변 점이 안전하고 설계가 정확하며 마감

이 완벽한지 확인합니다.

 페리도트 보석을 만드는 데는 특히 원석을 만드는 데 있어 전문적인 기술과 도구가 필요합니다.

§페리도트 링 설계 유형

 페리도트 링은 다양한 디자인 유형으로 제공되며, 다양한 스타일과 환경에서 활기찬 녹색 원석을 보여줍니다. 다음은 고려해야 할 몇 가지 인기 있는 페리도트 링 설계 유형입니다:

 솔리테어(Solitaire) : 이 디자인은 하나의 페리도트를 중심으로 하며 갈래, 베젤 또는 텐션 설정으로 설정됩니다. 심플한 솔리테어 링은 페리도트의 아름다움을 강조하며 클래식하고 우아한 스타일을 감상하는 사람들에게 더할 나위 없이 좋습니다.

 헤일로(Halo) : 헤일로 디자인은 더 작은 다이아몬드나 원석으로 둘러싸인 중앙 페리도트로 구성되어 있습니다. 이 디자인은 반짝임을 더하고 중심 주변의 크기를 강조하여 더 크고 더 극적으로 보이도록 합니다.

 쓰리스톤(Three-Stone) : 이 디자인은 두 개의 더 작은 원석 또는 다이아몬드가 측면에 있는 중앙 주변 점을 특징으로 합니다. 세 개의 돌은 과거, 현재, 미래를 상징할 수 있기 때문에 약혼반지나 기념일 선물로 의미 있는 선택이 됩니다.

 빈티지(Vintage) : 빈티지 디자인은 아르데코, 빅토리아, 에드워드 스타일과 같은 다양한 역사적 시기에서 영감을 얻습니다. 이러한 디자인은 복잡한 금속 세공, 필라멘트 및 조각을 통합하여 반지를 독특

탄생석 생성과 세공기술

하고 고풍스러운 모양으로 만들 수 있습니다.

클러스터(Cluster) : 이 설계는 교대 또는 군집화된 패턴과 같은 다양한 배열로 페리도트와 다이아몬드를 결합합니다. 선명한 녹색 페리도트와 다이아몬드의 반짝임의 대비는 놀랍고 고급스러운 느낌을 줍니다.

파베(Pave) : 파베 디자인은 작은 페리도트들이 연속적인 밴드로 촘촘하게 세팅되어 마치 원석의 매끄러운 표면과 같은 착각을 일으키는 것이 특징입니다. 이 디자인은 중심 주변점에 대한 강조나 링의 주요 특징으로 사용될 수 있습니다.

겹겹이 쌓인 반지(Layered ring) : 겹겹이 쌓인 반지는 착용자가 다른 스타일, 금속, 원석을 혼합하고 매치할 수 있도록 함께 착용하도록 설계되었습니다. 페리도트 스택 가능한 링은 다른 페리도트 링 또는 다른 원석을 특징으로 하는 링과 짝을 지어 개인화되고 다양한 모양을 만들 수 있습니다.

페리도트 링 디자인 유형을 선택할 때는 개인적인 스타일, 반지의 기회, 착용자의 선호도와 같은 요소를 고려해야 합니다.

또한, 구매 한 페리도트의 품질과 크기, 금속 유형 및 설정 스타일도 고려하여 제작합니다.

9월의 보석 : 사파이어

* 사파이어 이야기

사파이어(sapphire)는 푸른색을 띠는 강옥(Corundum)의 일종으로 청옥(靑玉)이라고도 부른다. 화학성분은 Al2O3이며, 굳기 9로서 다이아몬드 다음으로 단단하며, 비중은 4.02로서 비금속광물이지만 예외적으로 굉장히 무겁다.

고대인들은 하늘이 커다란 사파이어이며, 지구가 그 안에 박혀 있다는 낭만적인 믿음을 가지고 있었다. 페르시아에서도 지구는 거대한 사파이어 위에 떠받혀져 있는 것으로 믿어서 하늘의 푸른색이 이 사파이어가 반사된 빛으로 생각하였다.

사파이어의 청색은 루비의 격정이나 열정과는 전혀 다른 느낌의 색

탄생석 생성과 세공기술

으로서, 조화의 색이며, 영원함, 신뢰 혹은 믿음으로 상징되는 색이자, 사랑과 그리움을 상징하기도 한다. 바티칸의 엘리트들은 사파이어를 착용하는 전통이 12세기부터 전해 내려왔다고 하는데, 이는 행위의 순수함을 나타내는 것으로 믿었기 때문이다. 14세기까지는 루비보다도 더 선호하던 보석이었다.

누군가 사파이어의 깊은 청색이 풍기는 멜랑콜리한 느낌을 가장 잘 표현한 음악으로 죠지 거쉬윈의 〈랩소디 인 블루〉를 들고 있는데, 이는 참으로 적절한 표현이라는 생각이 든다. 한번 조용한 분위기에서 들어보면 도입 부분의 클라리넷의 연주로부터 받는 인상이 바로 그러하다는 것을 느낄 수 있다.

희소성과 심미적 아름다움 때문에 옛날부터 보석으로 많이 애용되어 왔으며, 루비보다 결정이 큰 것이 산출되고 산출량도 많아서 희소하다는 측면에서 가치는 루비보다 떨어지지만, 맑고 투명한 청색을 가진 것은 1급 보석으로 치며, 그중 크기가 큰 것들은 왕의 보석으로 왕관, 목걸이, 고위 성직자의 반지로 사용되었다.

사파이어는 미얀마와 캐쉬미르 고산지대에서 나오는 벨벳의 깊은 청색을 가진 사파이어를 최고의 품질로 친다. 진한 청색에 뛰어난 광택을 가졌다. 스리랑카는 보석의 섬으로 알려질 만큼 다양한 보석을 산출하는데, 이곳에서 산출되는 사파이어 역시 양질의 것으로 알려져 있다. 이런 질 좋은 사파이어를 소유하려면 상당한 대가를 치러야만 한다

비교적 싸다는 것도 어디까지나 4대 보석 중 말단이라는 뜻. 사파이어 매장량이 풍부한 남부 아시아나 동남아시아에서는 표사광상으로도 산출되므로 하천에서 자갈밭, 토사를 헤집어도 작은 사파이어 덩어리가 나온다고 하며 특히나 인도, 스리랑카가 아주 유명하다.

§사파이어 종류

사파이어는 광물의 다양한 종류이며, 미량 원소의 존재로 인해 다양한 색상으로 나타납니다. 파란색이 사파이어의 가장 유명한 색인 반면, 그것들은 다양한 색에서 발견될 수 있습니다. 다음은 색을 기준으로 한 몇 가지 일반적인 사파이어 유형입니다:

탄생석 생성과 세공기술

 블루 사파이어(Blue Sapphire)⑴: 블루 사파이어는 가장 잘 알려져 있고 가치가 높은 종류입니다. 색상은 옅은 색에서 짙은 파란색까지 다양하며, 가장 바람직한 색조는 풍성하고 벨벳 같은 파란색입니다. 가장 좋은 파란색 사파이어는 종종 스리랑카, 마다가스카르, 그리고 미얀마 (옛 버마)에서 옵니다.

 엘로우 사파이어(Yellow sapphire)⑵: 노란색 사파이어는 옅은 노란색에서 깊은 황금색까지 다양합니다. 가장 소중한 노란색 사파이어는 선명하고 순수한 노란색을 가지고 있습니다. 그들은 스리랑카, 마다가스카르, 탄자니아 그리고 호주에서 발견될 수 있습니다.

 핑크 사파이어(Pink sapphire)⑶: 핑크 사파이어는 최근 몇 년 동안 인기를 얻었고 옅은 분홍색에서 강렬하고 뜨거운 분홍색까지 다양합니다. 가장 인기 있는 분홍색 사파이어는 활기차고 포화된 색을 보여줍니다. 마다가스카르, 스리랑카, 그리고 미얀마는 분홍색 사파이어의 중요한 공급원입니다.

 파드파라드샤 사파이어(Padparadscha sapphire)⑷: 파드파라드샤 사파이어는 매우 희귀하고 가치가 높습니다. 그들의 독특한 색깔은 분홍색과 오렌지색의 혼합으로 석양이나 잘 익은 연꽃을 닮았습니다. 비록 그것들이 마다가스카르와 탄자니아에서도 발견될 수 있지만, 스리랑카는 패드파라다이스 사파이어의 주요 공급원입니다.

 그린 사파이어(Green sapphire)⑸: 녹색 사파이어는 덜 흔하고 밝은 녹색에서 깊은 숲 녹색까지 다양한 색을 가지고 있습니다. 그들은 호주, 태국, 그리고 탄자니아에서 발견될 수 있습니다.

 퍼플 사파이어(Pupple sapphire)⑹: 퍼플 사파이어는 밝은 라벤더에서 깊은 보라색까지 다양한 색을 가지고 있습니다. 그들은 종종 스리랑카, 마다가스카르, 미얀마에서 공급됩니다.

화이트 사파이어(White sapphire)[7]: 무색 사파이어로도 알려진 흰색 사파이어는 투명하고 다이아몬드의 저렴한 대안이 될 수 있습니다. 그들은 스리랑카와 마다가스카르를 포함한 몇몇 사파이어 생산국에서 발견될 수 있습니다.

스타 사파이어(Star sapphire)[8]: 스타 사파이어는 교차하는 바늘 모양의 포함으로 인해 원석의 표면에서 별과 같은 빛의 패턴이 보이는 현상인 별표를 보입니다. 별 사파이어는 다양한 색으로 발견될 수 있는데, 파란색과 검은색 별 사파이어가 가장 잘 알려져 있습니다.

블랙 사파이어(Black sapphire)[9]: 검은 사파이어는 깊고 불투명한 검은 색을 가지고 있고 파란 사파이어보다 덜 흔합니다. 그들은 호주와 마다가스카르에서 발견될 수 있습니다.

바이컬러 사파이어(Bicolor sapphire)[10]: 바이컬러 사파이어는 하나의 결정체 안에서 두 개의 뚜렷한 색을 보여줍니다. 그들은 매우 드물고 파란색과 녹색 또는 분홍색과 노란색과 같은 다양한 색 조합에서 발견될 수 있습니다.

사파이어는 또한 그들의 기원에 따라 분류되는데, 다른 원천들이 원석에 독특한 특성을 부여할 수 있기 때문입니다. 몇몇 유명한 사파이어 공급원에는 스리랑카 (실론 사파이어), 마다가스카르, 미얀마 (미얀마 사파이어), 태국, 호주, 몬태나(미국)가 포함됩니다. 사파이어를 선택할 때는 색상, 선명도, 절단면, 캐럿 무게 및 원점과 같은 요인을 고려 하셔야 합니다.

탄생석 생성과 세공기술

§9월의 쥬얼리

9월 쥬얼리는 사파이어인 9월의 탄생석을 형상화한 쥬얼리 작품을 일컫는 용어입니다. 사파이어는 다양한 색상의 아름다운 원석으로, 가장 인기 있는 것은 짙은 파란색입니다.

사파이어는 지혜, 충성, 그리고 고귀함을 상징하기 때문에 9월에 태어난 사람들이나 돌의 독특한 특성을 감상하는 사람들에게 의미 있는 선택이 됩니다.

사파이어 귀걸이⑴: 여기에는 스티드, 드롭 귀걸이 및 사파이어 액센트가 있는 후프가 포함될 수 있습니다. 그것들은 활기찬 푸른 원석을 보여주는 정교한 방법입니다.

사파이어 목걸이⑵: 사파이어 펜던트와 목걸이는 솔리타이르 펜던트, 사파이어와 다이아몬드의 조합, 또는 멀티스톤 디자인과 같은 다양한 스타일로 출시됩니다.

 사파이어 반지(3): 이 제품들은 단순한 솔리테어 디자인에서부터 복잡하고 빈티지한 느낌의 설정에 이르기까지 다양할 수 있습니다. 많은 사람들은 전통적인 다이아몬드 반지의 대안으로 사파이어 약혼반지를 선택합니다.

 사파이어 팔찌(4): 당신은 단일 초점 돌이 있는 사파이어 팔찌, 사파이어와 다이아몬드가 있는 테니스 팔찌, 또는 더 정교한 디자인을 찾을 수 있습니다.

 사파이어 브로치(5): 이러한 유형의 보석은 다른 탄생석과 사파이어를 결합하여 착용자의 사랑하는 사람이나 중요한 이정표를 나타내는 개인화된 조각을 만듭니다.

 사파이어는 무기질 경도의 모스 척도에서 9위를 차지하며 꽤 오래 갑니다. 하지만, 사파이어는 여전히 아름다움을 유지하기 위해 적절한 보살핌이 필요합니다.

 사파이어 보석을 청소하기 위해서는 따뜻한 비눗물과 부드러운 솔을 사용하세요. 사파이어 쥬얼리가 손상을 일으킬 수 있으므로 가혹한 화학 물질이나 고온에 노출되지 않도록 하여야 합니다. 또한 긁힘을 방지하기 위해 다른 보석과 별도로 사파이어 조각을 보관하셔야 합니다.

 9월 쥬얼리를 선택할 때는 착용자의 스타일 선호도와 사파이어의 품질을 고려하는 것이 필수입니다. 선명하고 균일한 색상과 뛰어난 선명도를 특징으로 하는 작품을 찾습니다.

탄생석 생성과 세공기술

사파이어는 분홍색, 노란색 또는 녹색과 같은 다양한 색상으로 사용할 수 있으므로 수신자가 가장 좋아하는 색상이 특징인 작품을 선택하는 것도 고려해 볼 수 있습니다.

§사파이어 링 작업 방법

크기 조정, 수리, 새 조각 만들기 등 사파이어 링 작업에는 기술과 정밀도가 필요합니다. 이러한 작업은 필요한 도구, 전문 지식 및 경험이 있으므로 전문 세공사가 처리하도록 하는 것이 가장 좋습니다. 그러나 프로세스를 이해하거나 직접 시도하려면 다음작업 방법을 따라서야 합니다.

필요한 도구 준비: 사파이어 링을 만들기 위해서는 톱, 링 맨드렐, 납땜 토치, 납땜, 플라이어, 파일, 연마 장비 등 다양한 전문 도구가 필요합니다. 사고를 방지하고 정확성을 보장하기 위해 깨끗하고 조명이 잘 들어오는 작업 공간을 확보해야 합니다.

링 검사: 작업을 시작하기 전에 링에 느슨한 돌, 마모된 갈래 또는 손상이 있는지 주의 깊게 검사하십시오. 수리 프로세스 중에 해결해야 할 모든 문제를 기록합니다.

사파이어 제거: 금속의 크기를 조정하거나 납땜하거나 금속을 변경해야 하는 경우에는 열이나 압력으로 인해 사파이어가 손상되지 않도록 먼저 제거하는 것이 중요합니다. 전용 프롱 리프터 또는 바늘코 플라이어를 사용하여 프롱을 부드럽게 열고 돌을 제거합니다.

필요한 수리 또는 조정을 수행합니다.

크기 조정: 링 맨드렐을 사용하여 원하는 크기를 측정합니다. 반지를 작게 만들어야 할 경우에는 톱으로 밴드의 작은 부분을 잘라내고 가장자리를 매끄럽게 줄로 묶습니다. 링을 더 크게 만들어야 하는 경우 밴드와 일치하는 금속 조각을 추가합니다. 끝을 함께 납땜하고 줄을 사용하여 접합부를 매끄럽게 합니다.

보강 및 수리: 가지가 마모되거나 손상된 경우 파일 또는 플라이어를 사용하여 가지 모양을 변경합니다. 또한 납땜 및 납땜 토치를 사용하여 작은 양의 금속을 추가하여 송곳을 보강해야 할 수도 있습니다.

납땜: 링에 추가 요소를 부착해야 하는 경우 솔더와 솔더링 토치를 사용하여 부품을 함께 결합합니다. 사파이어 및 기타 열에 민감한 요소를 제거하거나 열 차폐 재료를 사용하여 보호해야 합니다.

링 청소 및 광택 작업: 수리 또는 조정이 완료된 후 부드러운 브러시와 비눗물을 사용하여 링을 깨끗이 청소합니다. 부드러운 천으로 말리고, 반지의 광택을 회복시키기 위해 연마 장비를 사용합니다.

사파이어 재설정: 사파이어가 올바르게 정렬되도록 조심스럽게 다시 세팅합니다. 펜치나 프롱 푸셔를 사용하여 돌 주위의 프롱을 고정합니다.

최종 검사: 사파이어가 단단히 장착되면 링을 검사하여 모든 수리 및 조정이 완료되었는지, 느슨한 돌이나 기타 문제가 없는지 확인합니다.

사파이어 반지를 만드는 것은 경험과 기술이 필요합니다. 자기 능력

탄생석 생성과 세공기술

에 자신이 없다면, 반지의 무결성과 수명을 보장하기 위해 전문 세공사와 상담하는 것이 가장 좋습니다.

§ 사파이어 링 디자인 유형

다양한 스타일과 취향에 맞는 다양한 사파이어 링 디자인이 있습니다. 다음은 고려해야 할 몇 가지 인기 있는 사파이어 링 디자인입니다.

솔리테어(Solitaire): 단일 사파이어를 중심으로 한 클래식하고 우아한 디자인으로, 종종 단순한 밴드가 있습니다. 사파이어는 프롱, 베젤 또는 장력 설정으로 설정할 수 있습니다.

헤일로(Halo): 이 디자인은 중앙 사파이어가 작은 다이아몬드 또는 원석의 "할로"로 둘러싸인 것이 특징이며, 반지의 전체적인 크기와 반짝임을 향상시킵니다.

쓰리스톤(Three-Stone): 중앙에는 사파이어가 세워져 있고 양쪽에는 두 개의 작은 돌이 있습니다. 이 사이드 스톤들은 다이아몬드나 다른 보완 보석일 수 있습니다.

빈티지(Vintage): 아르데코, 에드워드 시대 또는 빅토리아 시대와 같은 과거 시대에서 영감을 얻은 복잡한 디자인. 이 고리들은 종종 세밀한 금속 세공, 필라멘트 또는 밀알 무늬를 특징으로 합니다.

파베(Pave): 밴드는 작은 다이아몬드나 원석을 촘촘히 세팅하여 지속적이고 눈부신 효과를 만들어 냅니다. 사파이어는 솔리테어로 세팅되거나 다른 돌들과 짝을 이룰 수 있습니다.

스필릿 쌩크(Split Shank): 밴드는 중앙석에 도달하면서 두 가닥 이상으로 갈라져 독특하고 현대적인 모습을 연출합니다.

인피니트(Infinity): 밴드는 뒤틀리거나 서로 얽혀있는 패턴을 특징으로 하며, 영원한 사랑과 헌신을 상징합니다. 사파이어는 솔리테어로 세팅되거나 다른 돌들과 짝을 이룰 수 있습니다.

클러스터(Cluster): 여러 개의 작은 사파이어 또는 원석이 함께 배열되어 더 크고 눈길을 끄는 중앙 조각을 만듭니다.

바이패스(Bypass): 밴드가 중앙 스톤을 감싸서 유동적이고 예술적인 디자인을 만듭니다.

스태킹(Stacking): 다른 반지와 함께 착용할 수 있도록 설계된 이 사파이어 반지는 혼합 및 매치하여 개성적이고 패셔너블한 느낌을 연출할 수 있습니다.

사파이어 반지 디자인을 선택할 때, 착용자의 개인적인 스타일, 생활방식, 그리고 선호도를 고려하셔야 합니다. 아름다울 뿐만 아니라 실용적이고 일상적으로 착용하기 편한 반지를 선택하는 것이 필수입니다.

10월의 보석 : 오팔

* 오팔 이야기

 흔히 오팔이라고 부르는 단백석 결정 하나에는 모든 중요한 보석의 색을 다 보여 준다. 그래서 오팔은 예술 장르로 비유했을 때, 마치 뮤지컬과 같은 것에 비유하고 싶습니다.

 뮤지컬이 연극의 재미, 발레의 기교, 다양한 음역의 성악, 오케스트라의 화려한 연주가 함께 어울려 만들어진 것처럼, 오팔도 다른 보석이 가지고 있는 모든 아름다운 색을 망라하고 있기 때문이다. 그래서 어떤 보석 중개인들은 오팔이야말로 가장 완전한 보석이라고도 합니다.

 그 이유는 오팔이 사파이어의 파랑, 에메랄드의 초록, 황옥의 노랑,

루비의 빨강과 자수정의 보라색을 다 가지고 있기 때문이다. 여기에 더하여 단백석 결정을 서서히 돌려보면, 입사되는 광선의 각도에 따라 색이 변하므로, 그 현란한 색들이 다른 색으로 계속 변하는 독특한 성질을 가지고 있습니다. 이러한 현상을 변채(變採)라고 하며, 변채를 보이는 단백석 이외의 돌에는 래브라도라이트(색채의 향연, 스펙트롤라이트 참조)나 월장석(달빛처럼 은은한 문스톤 참조) 등이 있습니다. 그러나 그 색의 신선함과 휘황한 광채는 단백석이 으뜸이라고 할 수 있습니다.

일찍이 로마의 대 플리니는 이 단백석을 가장 아름다운 보석들이 갖는 최상의 특성을 조합한 돌이라고 기록하였다고 합니다.

과거 아랍인들은 이런 색을 천국에서 떨어진 번갯불의 섬광으로 믿었다고 합니다. 귀단백석 중에서도 색이 변화하는 패턴의 크기가 큰 것일수록 더 귀하게 여긴다고 합니다.

그러나 보통 단백석은 내부에서 공 모양 입자들의 규칙적인 배열이 결여되어 있어서, 입자의 크기가 다른 경우에는 단지 구형 입자들에 의한 산란으로 은은한 무지갯빛, 소위 단백광을 내게 됩니다.

어떤 결정에서는 이들이 구형이 아닌 상태로 산출되는 경우도 마찬가지로 희미한 단백광을 냅니다. 혹은 결정 내 불순물로 함유되어 있는 철, 망간 혹은 유기탄소에 의하여 색을 띠는 경우도 있습니다. 단순하게 단백광을 내는 것 또한 은은한 아름다움이 있기는 하지만, 귀단백석보다는 가치가 적다고 합니다.

이런 아름다움에 현대인도 10월의 탄생석으로 사랑하고 있습니다.

세익스피어조차도 '보석의 여왕'이라고 찬양한 아름다움입니다.

탄생석 생성과 세공기술

§ 오팔 종류

 오팔은 다양한 종류가 있으며, 각각 독특한 색상, 패턴, 그리고 특징을 보여줍니다. 다음은 가장 일반적이고 인기 있는 오팔입니다.

 화이트 오팔(White Opal)[1]: 가벼운 오팔 또는 밀키 오팔로도 알려져 있는, 이것은 가장 흔한 종류의 오팔입니다. 그것은 옅은 반투명에서 반투명의 몸 색깔을 가지고 있으며, 빨강, 주황, 노랑, 초록, 파랑,

보라의 다양한 색을 보여줍니다.

 블랙 오팔(Black Opal)⁽²⁾: 이 희귀하고 귀중한 오팔 유형은 어두운 몸 색깔을 가지고 있는데, 일반적으로 검은색, 짙은 회색 또는 짙은 파란색입니다. 어두운 배경은 역동적이고 눈에 띄는 색상의 검은색 오팔이 매우 아름답게 표현이 되어 있습니다.

 볼더 오팔(Boulder Opal)⁽³⁾: 이런 종류의 오팔은 숙주 바위 안에 정맥이나 패치를 형성하는 오팔과 함께 철석 바위에서 발견되며, 바위 오팔은 어둡고 대조적인 배경으로 놀라운 색으로 보여줍니다.

 크리스탈 오팔(Crystal Opal)⁽⁴⁾: 이 품종은 반투명하고 화려한 색상을 보여줍니다. 크리스탈 오팔은 선명한, 밝은, 그리고 어두운 색조를 포함하여 다양한 몸 색깔에서 발견될 수 있습니다.

 파이어 오팔(Fire Opal)⁽⁵⁾: 파이어 오팔은 빨간색, 오렌지색, 그리고 노란색과 같은 밝고 불 같은 색이며. 투명할 수도 있고, 색깔을 나타낼 수도 있고 그렇지 않을 수도 있습니다. 주로 멕시코에서 발견됩니다.

 매트릭스 오팔(Matrix Opal)⁽⁶⁾: 볼드 오팔과 유사하게 매트릭스 오팔은 숙주 바위 안에 흩어져 있는 귀중한 오팔로 구성되어 있습니다. 숙주의 암석은 종종 철석이나 사암이고, 오팔은 매트릭스 내의 구멍이나 틈에서 형성됩니다.

 워터 오팔(Water Opal)⁽⁷⁾: 이 오팔 품종은 투명에서 반투명의 몸 색깔과 미묘한 색깔의 플레이를 가지고 있습니다. 워터 오팔은 다른 오팔 종류에 비해 더 차분한 모습을 가지고 있습니다.

탄생석 생성과 세공기술

 요와 너트 오팔(Yowah nuts Opal)[8]: 이 독특한 오팔 유형은 "요와 견과류"라고 불리는 작고 둥근 철석 결절에서 발견됩니다. 오팔은 견과류 안에 있는 얇은 정맥이나 주머니에서 형성되어 독특한 패턴과 디자인을 만듭니다.

 각각의 오팔 타입은 독특한 아름다움과 매력을 제공하며, 그것들의 가치는 색상, 패턴, 밝기, 크기, 그리고 희귀성과 같은 요소들에 따라 달라질 수 있습니다.

§10월의 쥬얼리

 10월은 두 개의 탄생석과 관련이 있습니다. 오팔은 다양한 색상으로 제공되어 아름다운 보석을 만들기 위한 인기 있는 선택입니다.

 그중에서 오팔의 이 아름다운 원석들을 통해서 만들 수 있는 몇가지 악세사리가 있습니다.

오팔 귀걸이(1): 오팔 귀걸이는 스터드, 드롭 또는 후프로 디자인할 수 있으며, 오팔을 중심으로 합니다. 다양한 오팔 유형 중에서 선택할 수 있으며 추가적인 원석 또는 메탈 액센트를 통합하여 화려함을 더할 수 있습니다.

오팔 목걸이(2): 섬세한 목걸이로 오팔의 아름다움을 보여줍니다. 단순한 솔리테어 디자인, 헤일로 설정 또는 추가적인 원석 또는 금속 디테일이 특징인 더 복잡한 디자인 중에서 선택할 수 있습니다.

오팔 반지(3): 오팔 링은 오팔로 알려진 매혹적인 색의 플레이를 보여주는 고전적인 선택입니다. 골드, 실버 또는 플래티넘 밴드로 세팅된 화이트 오팔, 블랙 오팔 또는 파이어 오팔과 같은 다양한 오팔 유형 중에서 선택할 수 있습니다. 다이아몬드나 다른 색 원석과 같은 액센트 스톤은 추가적인 반짝임과 대비를 위해 추가될 수 있습니다.

오팔 팔찌(4): 오팔 팔찌는 디자인은 단순한 테니스 팔찌에서부터 이 10월 탄생석의 아름다움을 보여주는 더 복잡한 커프스나 뱅글에 이르기까지 다양합니다.

오팔 브로치(5): 독특한 보석을 위해서, 오팔이나 토르말린 브로치나 핀을 생각해 보세요. 이것들은 복잡한 금속 세공과 원석 배열을 특징으로 할 수 있어 어떤 의상에도 아름다운 추가물이 될 수 있습니다.

10월 보석을 선택할 때, 오팔은 다른 많은 보석보다 부드럽고 섬세하다는 것을 명심하세요, 그래서 그들은 특별한 주의와 보호가 필요할 수 있습니다. 어떤 원석을 선택하든 상관없이, 10월 탄생석 보석은 어떤 스타일과 취향에도 맞는 다양한 놀라운 많은 선택지를 제공할 수 있습니다.

탄생석 생성과 세공기술

§오팔 링 작업 방법

오팔 고리를 만드는 것은 몇 가지 복잡한 단계를 포함하며, 원석 세팅, 금속 세공, 보석 디자인을 포함한 몇 가지 전문적인 도구와 기술이 필요합니다. 여기 오팔 반지를 만드는 방법에 대한 기본적인 가이드가 있습니다. 이것은 연습과 전문 지식이 필요한 기술임을 명심하시기를 바랍니다.

준비 사항 :
- 오팔 원석
- 반지 세팅 (일반적으로 금, 은, 백금과 같은 귀금속으로 제작)
- 쥬얼리 공구(쥬얼리 톱, 바늘줄, 벤치핀, 버너, 링 맨드렐 포함)
- 쥬얼리 에폭시 또는 납땜 및 납땜 토치
- 안전 장비(보안경, 앞치마, 장갑)

작업 단계:

디자인 및 설계: 오팔 반지를 위한 당신의 디자인을 먼저 스케치 시작하여, 링 모양, 오팔의 설정 스타일 및 포함할 추가 세부 정보가 포함되어야 합니다.

재료 선택: 오팔 스톤과 링 세팅 재료를 선택합니다. 오팔은 품질이 좋고 눈에 띄는 결함이 없어야 합니다. 설정 재료는 금, 은, 백금 또는 선택한 다른 금속일 수 있습니다.

설정 준비: 오팔을 수용할 수 있도록 설정을 준비합니다. 여기에는 오팔을 위한 자리를 만들기 위해 설정을 자르고 정리하는 작업이 필요합니다. 이 프로세스는 선택한 설정 유형(베젤, 프롱 등)에 따라 달라집니다.

오팔 설정: 설정이 준비되면 오팔을 설정할 수 있습니다. 세팅된 자리에 에폭시를 소량 도포하고 오팔을 조심스럽게 놓습니다. 프롱 설정을 사용하는 경우 프롱 푸셔를 사용하여 프롱 푸셔를 오팔 위로 구부려 제자리에 고정합니다. 베젤 설정을 사용하는 경우 버니셔를 사용하여 베젤을 오팔 가장자리로 밀어 넣습니다.

밴드 준비: 반지 밴드가 아직 준비되지 않았다면 반지 맨드렐과 보석상의 망치를 사용하여 모양을 만들어야 합니다. 올바른 크기와 모양을 만든 후에는 토치와 약간의 납땜을 사용하여 끝을 납땜해야 합니다. 납땜 후 밴드를 반드시 식히고 청소하여 보관하셔야 합니다.

오팔과 밴드 연결: 이제 밴드에 오팔로 세팅을 납땜해야 합니다. 정밀하고 세심한 가열이 필요하며, 열이 가해지고 식히면 깨끗이 닦아주시길 바랍니다.

마무리: 마지막 단계는 링을 연마하는 것입니다. 이것은 연마제 묻힌 천이나 전동 연마 도구로 할 수 있습니다. 비교적 부드러운 원석이므로 이 과정에서 오팔이 손상되지 않도록 주의하셔야 합니다.

스스로 보석을 만들려고 시도하기 전에 전문적인 세공사로부터 수업을 듣거나 배우는 것이 항상 최고라는 것을 기억하세요. 그리고 도구와 재료를 다룰 때는 항상 안전을 우선시해야 합니다.

§오팔 링 설계 유형

선택할 수 있는 여러 가지 오팔 링 디자인 유형이 있으며, 각각 독특한 스타일을 제공하고 다양한 방식으로 오팔의 아름다움을 보여줍니

탄생석 생성과 세공기술

다.

다음은 인기 있는 오팔 링 디자인 유형입니다:

솔리테어(Solitaire): 이 고전적인 디자인은 단 하나의 오팔을 센터피스로 사용하여 원석의 색상 플레이가 중앙 무대에 설 수 있도록 합니다. 오팔은 프롱, 베젤 또는 세미베젤 설정을 포함하여 다양한 방법으로 설정할 수 있습니다.

헤일로(Halo): 디자인은 보통 다이아몬드나 다른 대조적인 색깔의 돌들인 작은 원석들로 오팔을 둘러싸고 있습니다. 이 설정은 오팔의 시각적 영향을 강화하고 링에 추가적인 반짝임을 추가합니다.

빈티지(Vintage): 빈티지에서 영감을 받은 디자인은 종종 필리그리, 판화 또는 밀그레인 작업과 같은 복잡한 세부 사항을 특징으로 합니다. 이러한 디자인은 오팔 링에 독특하고 고풍스러운 느낌을 줄 수 있으며, 더욱 정교한 환경에서 오팔을 선보일 수 있습니다.

악센트 스톤 링(Accent Stone): 오팔은 다른 원석과 짝을 이루어 색과 모양의 놀라운 조합을 만들 수 있습니다. 인기 있는 악센트 스톤에는 다이아몬드, 사파이어, 루비, 그리고 심지어 다른 오팔 종류도 포함됩니다. 이러한 디자인은 측면 돌이나 군집 배열을 특징으로 하여 다양한 모양을 제공할 수 있습니다.

쓰리스톤(Three-Stone): 이 디자인 유형은 중앙석으로 오팔을 사용하며, 양쪽에 두 개의 작은 원석이 있습니다. 이 사이드 스톤들은 다른 오팔, 다이아몬드, 또는 컬러 원석일 수 있으며, 전체적인 디자인과 균형과 대비를 제공합니다.

밴드(Band): 오팔 밴드 링은 연속적인 밴드 내에서 단일 행 또는 더 복잡한 패턴으로 여러 개의 오팔 세트를 특징으로 합니다. 이 디자인은 단독으로 착용하거나 다른 링과 함께 겹쳐 레이어드하여 연출할 수 있습니다.

오팔 링 디자인 유형을 선택할 때는 착용자의 선호도, 라이프스타일 및 반지의 용도를 고려해야 합니다. 일부 디자인은 오팔을 더 보호하거나 일상복에 더 적합할 수 있으며, 다른 디자인은 특별한 경우에 더 적합할 수 있습니다.

가장 중요한 점은 오팔의 아름다움을 강조하고 착용자의 개인적인 스타일을 보완하는 디자인입니다.

탄생석 생성과 세공기술

11월의 보석 : 토파즈

* 토파즈 이야기

 이집트의 아름다운 왕비, 아르시노에 1세는 아버지인 프톨레마이오스 2세를 살해할 계획을 세우다 실패해 유배를 떠났고 합니다. 그 유배지는 홍해에 떠 있는 작은 섬 토파지오스였다. 섬의 태수는 이 아름다운 죄수를 위로하기 위하여 태양처럼 빛나는 황금색 보석을 선물했는데 그것이 바로 토파즈였습니다. 토파즈는 이 섬의 이름 토파조스에서 유래되었다는 설이 있다.

 황색을 대표하는 토파즈는 인도에서는 '불의 보석'이라고 불리며, 어원인 타파스는 산스크리트어로 '불'을 의미한다. 고대 이집트에서는 태양신 아라를 상징하는 보석으로 토파즈를 숭배하였으며, 미와 건강의 수호석으로 호주머니 속에 넣고 다니면 보석으로부터 발산된 비타민 C가 몸에 스며든다고 믿었다고 합니다.

밤이면 더욱 신비한 빛을 발하는 보석, 토파즈에는 그에 걸맞은 밤의 전설이 내려온다고 합니다.

현대의 휘황찬란한 밤과 달리 밤이 칠흑 같았던 과거에는 당연히 사람들이 어둠에 대해 알 수 없는 두려움을 가졌을 것이다. 그래서인지 밤에 빛을 발하는, 야광석 성질을 가진 토파즈에 악마의 힘이 있다거나 혹은 불면증을 고치는 신비한 힘이 있다고 믿어왔다고 합니다.

지금은 전설이 단순한 옛날 이야기로 전해지지만 당시 사람들은 진심으로 전설 속의 토파즈 위력을 믿었다고 합니다.

일반적인 무색 내지는 노르스름한 색 이외에도 토파즈는 다채로운 색을 가지고 있습니다. 노란색, 주황색, 초록색, 파란색, 분홍색, 두 가지 색깔 이상이 섞인 것 등 여러 가지가 포함되는데, 특히 단풍잎의 색 같은 황갈색에 가까울수록 높은 가치를 갖는다.

한편 파란 토파즈는 자연 상태에서 발견되는 경우가 아주 드물며, 대부분은 모두 무색의 토파즈에 방사능 같은 열을 쪼인 것들이다. 또는 미스틱 토파즈와 마찬가지로 겉면에 코팅막을 씌우기도 한다. 둘 다 감정하면 어떻게 처리되었는지 알 수 있습니다. 파란색도 종류가 아주 많아서 어두운 런던블루 토파즈, 밝은 하늘색의 스위스블루 토파즈 등이 유명합니다.

주요 산출지는 러시아 우랄산맥, 브라질, 베트남, 캄보디아, 일본 등지이다. 가장 처음에 산출된 곳은 러시아와 브라질로 꼽히는 편인데, 그 때문에 당대에는 러시아 황제만이 착용할 수 있었던 시절도 있었습니다.

탄생석 생성과 세공기술

§ 토파즈 종류

토파즈는 색상, 기원 또는 처리 과정으로 구분되는 다양한 색상과 유형으로 제공됩니다. 다음은 가장 잘 알려진 토파즈 유형입니다.

퓨어 토파즈(Pure Topaz)[1]: 흰색 또는 투명 토파즈로도 알려져 있으며, 불순물이나 색이 없는 가장 자연스러운 형태의 원석입니다. 다이아몬드에 대한 더 저렴한 대안으로 종종 사용됩니다.

블루 토파즈(Blue Topaz)[2]: 이것은 토파즈의 가장 인기 있는 색상이고 밝은 하늘색에서 깊은 스위스나 런던 파란색까지 다양한 색조로 나옵니다. 파란색 토파즈는 종종 색을 강화하기 위해 열이나 방사선으로 처리됩니다. 블루 토파즈의 세 가지 주요 품종은 다음과 같습니다.

a. 스카이블루 토파즈: 하늘의 색을 닮은 가장 밝은 색조입니다.
b. 스위스 블루 토파즈: 좀 더 선명한 중간-청색 색조입니다.
c. 런던 블루 토파즈: 회색 또는 녹색의 기미가 있는 가장 깊은 파란색 색상입니다.

임페리얼 토파즈(Imperial Topaz)[3]: 이것은 가장 가치 있고 희귀한 종류의 토파즈입니다. 임페리얼 토파즈는 황금빛-오렌지색에서 분홍색-오렌지색으로 특징지어집니다. "임페리얼"이라는 이름은 19세기 러시아에서 유래되었는데, 그곳에서 원석은 러시아 왕실에 의해 매우 귀중하게 여겨졌습니다.

세리 토파즈(Sherry Topaz)[4]: 세리토파즈는 따뜻한 적갈색에서 오렌지색 갈색을 띠고 있습니다. 이러한 유형의 토파즈는 더 흔한 파란색 토파즈와 구별하기 위해 때때로 "귀중한 토파즈"라고도 불립니다.

핑크 토파즈(Pink Topaz)[5]: 이 다양한 종류의 토파즈는 비교적 희귀하고 인기가 많습니다. 분홍색 토파즈는 종종 옅은 색에서 중간 정도의 분홍색 색조에서 발견되며 노란색 또는 갈색 토파즈의 열처리를 통해 생성될 수 있습니다.

옐로우 토파즈(Yellow Topaz)[6]: 이 토파즈는 밝고 화창한 노란색을 가지고 있으며 때때로 "황금 토파즈"라고 불립니다. 천연 노란색 토파즈는 비교적 드물지만, 다른 토파즈 품종의 열처리는 노란색을 생성할 수 있습니다.

미스틱 토파즈(Mystic Topaz)[7]: 미스틱 토파즈는 무색 토파즈에 티타늄 또는 다른 금속 코팅을 얇게 적용하여 무지개와 같은 효과를 가진 원석을 생성합니다. 이 처리 과정은 "증기 증착" 또는 "코팅"으

로 알려져 있습니다

 이처럼 사용할 수 있는 토파즈의 다양한 종류와 색상 중 일부일 뿐입니다. 다양성과 아름다움 때문에, 토파즈는 보석과 수집가들 모두에게 인기 있는 선택지가 될것입니다.

§11월의 쥬얼리

 11월은 아름다운 푸른 토파즈 탄생석과 관련이 있습니다.

 토파즈 원석은 모두 다양한 색상으로 제공되며 아름다움과 저렴한 가격으로 알려져 있습니다. 이 돌들로 만들어진 보석은 11월에 태어난 사람들이나 특별한 누군가를 위한 사려 깊은 선물로 인기 있는 선택입니다.

 다음은 11월에 인기 있는 토파즈 쥬얼리입니다.

토파즈 귀걸이⑴: 하늘색, 스위스 파란색 또는 런던 파란색 토파즈가 특징인 스터드, 드롭 또는 후프 귀걸이 중에서 선택합니다.

토프즈 목걸이⑵: 토파즈 원석이 특징인 다양한 목걸이를 레이어드 하여 스타일리시하고 다재다능한 모습을 연출합니다

토파즈 반지⑶: 다양한 컷과 디자인의 화이트, 블루, 핑크, 셰리 토파즈가 있는 반지는 다용도로 눈길을 사로잡습니다.

토파즈 팔찌⑷: 토파즈 스톤으로 장식된 테니스 팔찌나 뱅글은 어떤 의상에도 우아함을 더해줍니다.

토파즈 브로치⑸: 골든 오렌지 또는 핑크 오렌지 임페리얼 토파즈 브로치는 아름다움을 만들 수 있습니다.

11월 보석을 선택할 때, 받는 사람의 개인적인 스타일, 좋아하는 색, 그리고 그들이 일반적으로 착용하는 보석의 종류를 고려해 보셔야 합니다.

토파즈는 다양한 디자인과 스타일에 통합될 수 있는 다용도 원석으로 11월 생일이나 특별한 행사를 기념하기에 좋은 보석입니다.

§토파즈 작업 방법

보석을 만들거나 보석을 자르기 위해 토파즈로 작업하는 것은 다듬기, 모양 만들기, 광택 및 보석 세팅을 포함한 여러 단계를 포함합니다. 토파즈는 상대적으로 부드러운 원석이기 때문에 전체 공정에서

탄생석 생성과 세공기술

조심스럽게 다루는 것이 중요합니다. 다음은 토파즈를 사용하는 방법에 대한 가이드입니다:

 토파즈 선택: 색상, 선명도 및 크기가 좋은 토파즈 러프를 선택합니다. 최종 원석의 외관과 가치에 영향을 미칠 수 있는 포함물, 파손 또는 기타 결함이 있는지 검사합니다.

 토파즈 형태 준비: 트림 톱 또는 그라인딩 휠을 사용하여 거친 토파즈를 기본 형태로 다듬고 모양을 만듭니다. 이 단계는 거친 돌에서 원하지 않거나 고르지 않은 재료를 제거하는 데 도움이 되므로 절단 과정 중에 작업하기가 더 쉽습니다.

 토파즈 절단: 미리 형성된 토파즈의 모양과 크기에 따라 적절한 절단 설계를 선택합니다. 원석의 면을 깎고 광택을 내기 위해 면 가공기를 사용합니다. 기계의 각도 및 인덱스 설정을 조정하여 정확하고 대칭적인 절단을 만듭니다.

 토파즈 연마: 면을 절단한 후 미세한 입자의 다이아몬드 화합물 또는 세륨 산화물로 연마 랩을 사용하여 원석을 연마합니다. 이 단계는 토파즈의 광채와 광택을 향상시키는 데 도움이 됩니다.

 토파즈 검사: 절삭 및 연마 후 토파즈에 남아있는 결함, 불균일한 면 또는 불량한 광택이 있는지 검사합니다. 필요한 경우 절단 또는 연마 단계를 반복하여 조정하거나 수정합니다.

 토파즈 세척: 부드러운 브러시와 따뜻한 비눗물을 사용하여 마무리된 토파즈를 세척하여 남은 연마 화합물이나 이물질을 제거합니다. 원석을 완전히 헹구고 보풀이 없는 부드러운 천으로 두드려 말립니다.

설정: 원석의 크기, 모양, 색상을 고려하여 토파즈에 적합한 설정을 선택합니다. 프롱, 베젤 또는 장력과 같은 설정을 사용하여 보석 조각의 토파즈를 고정할 수 있습니다. 토파즈가 벗겨지거나 긁히기 쉽기 때문에 이 설정이 원석을 적절히 보호하는지 확인합니다.

유지 관리: 토파즈 보석을 좋은 상태로 유지하기 위해, 따뜻한 비눗물과 부드러운 브러시로 정기적으로 청소하세요. 원석이 심한 화학 물질, 열 또는 급격한 온도 변화에 노출되지 않도록 하십시오. 손상 또는 변색의 원인이 될 수 있습니다.

토파즈로 작업하는 것은 기술, 정확성, 그리고 인내심이 필요합니다. 이러한 단계를 따름으로써, 여러분은 원석의 자연적인 아름다움과 색깔을 보여주는 아름다운 토파즈 보석을 만들 수 있습니다.

§토파즈 설계

토파즈 링은 원석의 다양한 색상과 모양을 보여주는 다양한 디자인과 스타일로 제공됩니다. 다음은 고려해야 할 몇 가지 인기 있는 토파즈 설계 유형입니다:

솔리테어(Solitaire): 단 하나의 토파즈 원석을 중심으로 한 심플하고 우아한 디자인. 솔리테어 세팅은 돌의 아름다움을 강조하며 둥근 모양, 타원형, 쿠션 컷 등 다양한 형태로 볼 수 있습니다.

헤일로(Halo): 헤일로 환경에서, 중앙 토파즈 원석은 종종 다이아몬드나 다른 원석과 같은 더 작은 액센트 원석으로 둘러싸여 있습니다. 이 디자인은 센터 스톤의 외관을 개선하고 링에 추가적인 반짝임을

탄생석 생성과 세공기술

더해줍니다.

쓰리스톤(Three-Stone): 이 디자인은 중앙 토파즈 원석의 측면에 과거, 현재, 미래를 나타내는 두 개의 작은 돌이 있는 것을 특징으로 합니다. 사이드 스톤은 다이아몬드, 다른 토파즈 또는 대비를 추가하기 위해 다른 색상의 원석일 수 있습니다.

파베(Pave): 파베 세팅에서, 보통 다이아몬드인 작은 원석들이 반지의 띠를 따라 가깝게 세팅되어 지속적인 반짝임의 모습을 만듭니다. 토파즈는 이 설계에서 솔리테어로 설정하거나 다른 원석과 함께 설정할 수 있습니다.

빈티지(Vintage): 이러한 디자인은 종종 필리그리, 밀그레인 또는 조각과 같은 복잡한 세부 사항을 특징으로 하여 반지를 골동품이나 가보처럼 보이게 합니다. 토파즈 스톤은 베젤 또는 프롱 설정을 포함하여 다양한 방법으로 설정할 수 있습니다.

스플릿 섕크(Split Shank): 스플릿 섕크 디자인에서, 링의 밴드는 중앙 돌에 접근하면서 두 개 이상의 가닥으로 나뉘어 개방적이고 독특한 모양을 만듭니다. 이 디자인은 단독 토파즈를 특징으로 하거나 다른 원석 및 다이아몬드와 결합할 수 있습니다.

베젤(Bezel): 베젤 세팅이 금속 테두리로 토파즈를 감싸 현대적이고 안전한 디자인을 제공합니다. 이러한 유형의 설정은 토파즈를 스크래치 및 충격으로부터 보호하는 데 적합하므로 활동적인 라이프스타일을 가진 사람에게 이상적입니다.

텐션(Tension): 장력 설정에서 토파즈는 금속 밴드의 압력에 의해 제자리에 고정되어 원석이 떠 있는 듯한 착각을 줍니다. 이 현대적인 디자인은 시각적으로 놀랍고도 안전합니다.

 토파즈 링 설계를 선택할 때는 개인 스타일, 라이프스타일, 원석의 색상 및 모양과 같은 요인을 고려해야 합니다. 토파즈 링은 다양한 디자인 가능성을 제공하여 일상복과 특별한 행사 모두에 탁월한 선택입니다.

탄생석 생성과 세공기술

12월의 보석 : 터키석

* 터키석 이야기

 보석의 일종으로, 12월의 탄생석으로도 알려진 민트색, 청록색 보석으로 기원전 5000년 전부터 인류가 사용해 왔던 역사가 깊은 보석 가운데 하나입니다.

 성공과 번영을 이끌어 주고 액운을 막는다고 해서 사업하는 사람들이나 남성들의 장신구로도 많이 사용되었다고, 성적 정열을 고조시켜 준다고도 알려져 많은 성인이 터키석을 품에 가지고 다녔다고 합니다.

 이름의 유래는 시나이반도에서 산출되었던 터키석이 튀르키예(터키)를 거쳐 유럽에 소개되었기 때문이라고 한다고 합니다. 정작 튀르키예에서는 아주 극소량만이 채굴되는 것으로 알려져 있습니다.

중국에서도 비취 이전부터 사용되어 온 보석이라고 하며 이집트, 메소포타미아, 아즈텍에서도 많이 사용된 유래 깊은 보석이며, 아메리카 원주민들은 이 보석이 하늘과 바다를 직접 열리게 해준다고 믿었다고 합니다.

§ 터키석 종류

탄생석 생성과 세공기술

터키석은 하늘색에서 녹색 또는 연두색에 이르는 독특한 청록색으로 알려진 반귀석입니다. 아름다움과 정신적인 특성으로 인해 수천 년 동안 다양한 문화에 의해 소중히 여겨져 왔습니다.

터키석은 물이 구리 광물과 상호작용할 때 형성되며, 수화된 구리-알루미늄 인산화물을 생성합니다. 터키석의 구체적인 종류나 종류는 광물의 구성, 퇴적물의 위치, 불순물 또는 포함물의 존재와 같은 요인에 의해 결정됩니다.

터키석에는 몇 가지 종류가 있으며, 그것들의 생김새, 기원, 그리고 처리에 따라 크게 분류될 수 있습니다.

터키석은 독특한 청록색으로 알려진 반귀석입니다. 아름다움 때문에 다양한 문화권에서 수천 년 동안 소중히 여겨져 왔습니다. 터키석은 여러 종류가 있는데, 각각의 색깔, 매트릭스 패턴, 그리고 원산지가 다릅니다.

다음은 몇 가지 주목할 만한 터키식 종류입니다.

잠자는 아름다운 터키석(Sleeping Beauty Turquoise)[1]: 이것이 발견된 애리조나의 광산의 이름을 따서 명명된 이 종류의 터키석은 매트릭스가 거의 없거나 거의 없는 견고하고 밝은 파란색으로 알려져 있습니다. 잠자는 숲속의 공주 터키석은 매우 귀하게 여겨지며 종종 보석에 사용됩니다.

비스비 터키석(Bisbee Turquoise)[2]: 아리조나에서 온, 비스비 터키석은 높은 품질과 독특한 기질로 인정받고 있습니다. 그것은 짙은 파란색과 독특한 스모키 매트릭스를 가지고 있습니다.

킹맨 터키석(Kingman Turquoise)⑶: 미국에서 가장 오래되고 가장 큰 청록색 광산 중 하나이며, 또한 애리조나에 자리 잡고 있습니다. 킹맨 터키석은 밝은 색에서 짙은 파란색까지 다양한 색으로 알려져 있으며 종종 검은색, 은색 또는 금색 매트릭스를 특징으로 합니다.

모렌치 터키석(Morenci Turquoise)⑷: 애리조나주 남동부에서 발견되는 모렌시 터키석은 높은 파란색과 광택을 내면 종종 은처럼 보이는 불규칙한 검은 황철석의 특이한 기질로 유명합니다.

페르시아 터키석(Persian Turquoise)⑸: 이란에서 유래된 페르시아 터키석은 하늘색이고 매트릭스가 부족합니다. 세계에서 가장 훌륭한 터키석으로 여겨집니다.

중국산 터키석(Chinese Turquoise)⑹: 색깔과 품질이 매우 다양합니다. 대부분은 녹색이고 짙은 줄무늬가 있지만, 고품질의 파란색 표본도 발견됩니다.

로이스턴 터키석(Royston Turquoise)⑺: 네바다주의 로이스턴 광산 지역에서 생산됩니다. 그것은 짙은 녹색에서 짙은 갈색 매트릭스에 의해 형성된 풍부하고 밝은 파란색에 이르는 아름다운 색으로 알려져 있습니다.

파일럿 마운틴 터키석(Pilot Mountain Turquoise)⑻: 네바다주에서도 파일럿 마운틴 청록색은 파란색에서 녹색까지 어두운 갈색, 검은색 또는 붉은색의 매트릭스를 가지고 있습니다.

돌 속의 자연적인 정맥이나 패치는 한 종류마다 다를 수 있고 터키석이 형성된 지역에 존재하는 특정 광물의 결과입니다. 어떤 사람들은 깨끗하고 매트릭스가 없는 돌을 선호하는 반면, 다른 사람들은 매

탄생석 생성과 세공기술

트릭스가 제공할 수 있는 독특한 패턴을 높이 평가합니다.

§12월의 쥬얼리

터키석은 12월에 태어난 사람들을 위한 선물이나 축제 시즌을 기념하기 위해 반지, 귀걸이, 목걸이, 팔찌, 그리고 펜던트와 같은 다양한 종류의 보석들에 사용하고 있습니다.

다음은 12월에 인기 있는 터키석 쥬얼리입니다.

터키석 귀걸이(Turquoise Earring)[1]: 이것들은 터키석 한 조각이 특징인 단순한 스터드일 수도 있고, 샹들리에나 여러 개의 터키석 조각이 있는 드롭 귀걸이와 같은 더 정교한 디자인일 수도 있습니다. 이 돌들은 시각적인 흥미를 더하기 위해 은, 금, 또는 다른 원석들과

짝을 이룰 수 있습니다.

터키석 목걸이(Turquoise Necklace)[2]: 목걸이는 하나의 터키석 펜던트가 있는 작고 섬세한 조각에서부터 커다란 터키석 덩어리가 함께 늘어져 있는 더 큰 문구 조각까지 다양합니다. 그것들은 또한 초커, 펜던트 또는 오페라 길이의 긴 목걸이로 디자인될 수 있습니다.

터키석 반지(Turquoise Ring)[3]: 터키석 원석을 사용한 간단한 밴드부터 다른 원석과 결합된 복잡한 디자인까지 다양한 스타일로 나올 수 있습니다. 터키석은 타원형, 원형 또는 심지어 자연적이고 거친 형태와 같은 다른 모양으로 잘라진 중심 조각입니다.

터키석 팔찌(Turquoise Bracelet)[4]: 터키석 팔찌는 하나의 터키석 센터피스로 만들 수도 있고 여러 개의 돌을 금속 밴드로 세팅하여 만들 수도 있습니다. 그것들은 또한 달랑거리는 터키석 조각이 있는 뱅글, 수갑 또는 매력적인 팔찌로 디자인될 수 있습니다.

터키석 브로치(Turquoise Brooch)[5]: 다른 보석류처럼 흔하지는 않지만, 터키석 브로치는 꽤 아름다울 수 있습니다. 터키석은 금속 디자인으로 만들 수도 있고 다른 원석과 결합할 수도 있습니다. 이 조각들은 재킷, 스카프, 또는 모자에 컬러풀하게 입을 수 있습니다.

터키석 쥬얼리를 선택할 때, 색상은 옅은 하늘색에서 깊은 녹색까지 다양할 수 있다는 것을 알고 어떤 색상으로 되어진 악세사리를 선택할지 고민을 해보셔야 합니다. 매트릭스(청록이 형성된 바위의 잔해)의 존재도 돌의 모양과 가치에 영향을 미칠 수 있습니다.

앞서 언급했듯이, 터키석은 하늘색에서 녹색 또는 연두색에 이르는 청록색으로 유명한 반귀석입니다. 터키석은 수천 년 동안 보석에 사

탄생석 생성과 세공기술

용되어 왔고 보호, 행운, 그리고 치유를 가져온다고 믿어지고 있습니다. 청록색을 특징으로 하는 12월의 보석은 특히 은색이나 금색 배경과 짝을 이룰 때 눈에 띄는 외관을 가질 수 있습니다. 터키석 쥬얼리는 종종 보헤미안 스타일이나 남서부 스타일로 디자인되지만, 현대적이고 미니멀리즘적인 디자인에서도 발견될 수 있습니다.

 탄생석 보석 외에도, 12월을 주제로 한 보석들은 눈송이, 별, 또는 크리스마스트리와 같은 겨울과 휴가철의 상징을 통합할 수도 있습니다. 이 계절 쥬얼리는 원석, 크리스탈, 진주, 금속을 포함한 다양한 재료를 특징으로 하여 12월의 한 달을 기념하기 위해 축제 분위기와 스타일리시한 액세서리를 만들 수 있습니다.

§터키석 링 작업 방법

 터키석 고리를 만드는 작업은 터키석 돌을 선택하고 고리를 디자인하는 것에서부터 실제 보석 조각을 만드는 것까지 여러 단계를 포함합니다. 다음은 프로세스를 진행하는 데 도움이 되는 일반적인 가이드입니다.

 터키석 선택: 당신이 매력적이라고 생각하는 색상과 패턴을 가진 고품질의 터키석을 선택하는 것으로 시작하세요. 돌의 크기와 모양을 고려하면 반지의 전체적인 디자인에 영향을 줄 것입니다. 처리되지 않은 천연 터키석이 더 가치 있고 바람직하지만, 안정화된 터키석이 더 흔하고 저렴합니다. 돌이 너무 구멍이 많거나 부서지기 쉬우므로 작업하기가 어려울 수 있습니다.

 링 설계: 터키석 돌의 크기와 모양을 염두에 두고 반지 디자인을 스케치합니다. 단순한 솔리테어 세팅, 주변 원석이 있는 후광 디자인,

또는 더 정교하고 복잡한 디자인 중 어느 것을 원하는지 고려해 보십시오. 링 설정을 위한 금속 선택도 중요합니다. 터키석은 은, 금 또는 구리 또는 황동과 같은 다른 금속과 잘 어울립니다. 디자인은 또한 착용자의 선호도와 생활 방식을 고려해야 합니다.

스톤 세팅: 터키석 돌을 링에 넣기 전에, 그것은 자르고, 모양을 만들고, 닦아야 할 수도 있습니다. 이것은 일반적으로 보석을 전문적으로 다루는 숙련된 장인인 복강경이 합니다. 석기는 돌을 둥근 모양, 타원형 또는 사각형과 같이 원하는 모양으로 자른 다음 매끄러운 마무리가 되도록 광택을 냅니다.

링 설정: 사용자의 기술 수준과 사용할 수 있는 도구에 따라 반지 설정을 직접 만들거나 전문 세공사와 함께 작업할 수 있습니다. 프로세스에는 다음이 포함됩니다.
a. 착용자의 반지 크기를 측정하고 금속 밴드를 정확한 크기로 형성하는 것.
b. 장식 요소 또는 추가 원석 설정을 링에 납땜하거나 부착합니다.
c. 터키석 스톤을 위한 베젤 또는 프롱 세팅 준비. 베젤 세팅은 돌의 가장자리를 감싸는 금속 밴드이고, 갈래는 돌을 제자리에 고정하는 작은 금속입니다.

스톤 설치: 링 세팅이 완료되면 터키석을 제자리에 세팅할 수 있습니다. 베젤을 설정하려면 돌을 베젤에 놓고 버니셔 또는 베젤 푸셔로 돌의 가장자리 위에 있는 금속 모서리를 누릅니다. 프롱 설정의 경우, 돌을 프롱 설정에 놓고 펜치 또는 프롱 푸셔를 사용하여 돌의 가장자리 위로 프롱을 구부립니다.

마무리: 터키석 돌을 세팅한 후 링을 청소하고 광택을 내서야 할 수 있습니다. 보석 광택 천 또는 부드러운 브러시를 사용하여 먼지나 잔

탄생석 생성과 세공기술

여물을 제거하고 금속을 광택이 나도록 광택을 내어야 합니다.

관리 및 유지관리: 터키석은 비교적 부드럽고 다공성의 원석이므로, 터키석 고리를 적절히 관리하는 것이 필수적입니다. 화학 물질, 열 및 직사광선에 노출되지 않도록 하고 긁힘이나 손상을 일으킬 수 있는 작업을 하기 전에 제거해야 합니다. 거친 화학 물질이나 초음파 세척제를 피하여 부드러운 천과 부드러운 비눗물로 링을 부드럽게 청소합니다.

이러한 단계를 따르고 주의와 인내심을 가지고 작업함으로써, 여러분은 이 놀라운 원석의 자연적인 아름다움을 보여주는 아름답고 독특한 터키석 반지를 만들 수 있습니다.

§터키석 설계 유형

터키석 고리의 디자인은 단순하고 미니멀한 것에서부터 복잡하고 화려한 것까지 다양합니다. 선택한 디자인은 개인 스타일 선호도와 반지의 용도에 따라 달라집니다.

다음은 고려해야 할 몇 가지 인기 있는 터키석 설계 유형입니다.

솔리테어(Solitaire): 단독 터키석 링은 단일 터키석을 초점으로 하며, 종종 베젤 또는 프롱 설정으로 설정됩니다. 이 디자인 타입은 스톤의 자연미를 강조하여 일상복이나 특별한 행사에 적합합니다. 밴드는 단순한 금속 밴드일 수도 있고 조각이나 필리그리와 같은 장식 요소를 포함할 수도 있습니다.

헤일로(Halo): 헤일로 디자인에서, 터키석은 다이아몬드나 다른 대조적인 색깔의 돌과 같은 작은 원석으로 둘러싸여 있습니다. 디자인은 더욱 반짝임을 더해주며 터키석 센터피스의 시각적 효과를 향상시킵니다. 헤일로 디자인은 약혼반지나 약속반지에 매우 적합합니다.

클러스터(Cluster): 설계는 여러 개의 터키석을 함께 묶거나 다른 원석과 결합하여 고유한 패턴이나 모양을 만드는 것을 특징으로 합니다. 이 디자인 유형은 다양한 터키석 색조를 보여주거나 시각적 흥미를 더하기 위해 보색의 돌을 통합하는 데 사용될 수 있습니다.

인레이(Inlay): 인레이 디자인에서 터키석은 정확한 모양으로 잘라지고 금속 밴드로 세팅되어 매끄러운 표면을 만듭니다. 이 기술은 복잡한 패턴, 기하학적 디자인, 또는 터키석과 다른 원석의 모자이크를 만드는 데 사용될 수 있습니다. 인레이 링은 종종 현대적이거나 남서적인 스타일을 가지고 있습니다.

와이드 밴드(Wide Band): 와이드 밴드 터키석 링은 넓은 금속 밴드로 표면에 터키석 돌이 박혀 있거나 중심 초점이 되어 있습니다. 이 디자인 유형은 대담하고 현대적인 외관을 갖거나 복잡한 패턴과 세부 사항을 통합하여 더욱 화려하게 연출할 수 있습니다.

커프(Cuff) 또는 랩(Lab): 커프 또는 랩 링 디자인은 손가락을 감싸는 오픈 밴드가 특징이며, 양 끝 또는 밴드를 따라 터키석이 세팅되어 있습니다. 이 디자인 유형은 조정이 가능하며 독특하고 예술적인 스타일을 연출할 수 있습니다.

이터니티 밴드(Eternity): 보통 원석의 연속적인 줄이 밴드 전체를 둘러싸고, 영원한 사랑을 나타냅니다.

텐션(Tension) 세트: 원석은 밴드의 두 점 사이에 매달려 있으며 장

탄생석 생성과 세공기술

력에 의해 제자리에 고정된 것으로 고정됩니다.

베젤(Bezel) 세트: 돌은 금속 테두리로 둘러싸여 있어 안전하고 보호적인 설정을 제공합니다.

컨템포러리(Contemporary) : 이 디자인은 미니멀리즘적이거나 비대칭적이거나 전통적이지 않은 재료를 사용하여 현대적인 창의성과 보석 디자인의 혁신을 보여줄 수 있습니다.

빈티지(Vintage): 빈티지 또는 앤티크에서 영감을 받은 디자인은 종종 아르 데코, 빅토리아 양식 또는 아르 누보 스타일과 같은 특정 역사 시대의 요소를 통합합니다. 이러한 디자인은 복잡한 금속 세공, 필라멘트 또는 조각을 특징으로 할 수 있으며, 터키석을 주 중심부 또는 악센트로 통합할 수 있습니다.

터키석 고리 설계 유형을 선택할 때는 터키석 돌의 크기와 모양, 원하는 금속 설정 및 포함할 추가 원석 또는 설계 요소를 고려해야 합니다. 디자인은 착용자의 개인적인 스타일을 반영해야 하며 일상적인 액세서리든 특별한 행사용 부품이든 의도된 목적에 적합해야 합니다.

이처럼 모든 링 디자인은 유사합니다

많은 고리 디자인이 유사점을 공유할 수 있지만, 실제로는 각 고리를 독특하게 만들 수 있는 다양한 스타일, 재료 및 특징이 있습니다. 링 디자인에서 일반적인 요소로는 금속, 원석, 세팅 스타일 및 전체적인 미학을 선택할 수 있습니다. 그러나 디자이너와 세공사는 창의성과 전문성을 사용하여 다양하고 독특한 디자인을 통해서 만들 수 있습니다.

그럼, 지금까지 전달 해드린 내용을 다시 한번 더 정리를 해 보겠습니다.

§ 탄생석을 통한 링 제작은

보석의 강도 및 특징에 따라 다양한 방법들이 많이 있습니다. 탄생석 보석마다 링 제작에 따른 표현을 다 말씀드리진 못하였지만, 보석에 따라 다른 제작 방법으로 작성하였으며, 각각 탄생석 마다 나열된 방식은 어떠한 보석에도 적용하여도 됩니다.

§ 다양한 반지 유형

솔리테어(Solitaire)[1] / 헤일로(Halo)[2] / 쓰리 스톤(Three-Stone)[3]

클러스터(Cluster)[4] / 파베(Pave)[5] / 이터니티(Eternity)[6]

탄생석 생성과 세공기술

빈티지/아르데코(Vintage/Artdeco)⁽⁷⁾ / 베젤(Bezel)⁽⁸⁾ / 텐션(Tension)⁽⁹⁾

스플릿 섕크(Split Shank)⁽¹⁰⁾ /킨템포러리(Contemporary)⁽¹¹⁾ / 인레이(Inlay)⁽¹²⁾

와이드 밴드(Wide Band)⁽¹³⁾/ 커프(Cuff) 또는 랩(Lab)⁽¹⁴⁾/ 스태킹(Stacking)⁽¹⁵⁾

마무리

이 책에서 전달하고 싶어 하는 것은 단 한 가지입니다.

많은 보석이야기와 많은 세공의 기법에 대한 이야기를 두서없이 적어 내려오면서 1월에서 12월까지 아름다운 보석 이야기 그리고 많은 세공의 기법을 적으며 역사 속에서 탄생한 탄생석은 세계 모든여성의 아름다움과 어머니가 아기를 위해 건강과 사랑, 행운을 전달하는 마음으로 시작되었다고 전해 지고 있습니다.

저는 더욱 더 세공을 하면서 새로운 것들에 대한 아름다움의 열정과 나의 소견을 담아서 하나하나 앞으로도 더 전진해 나갈 것을 생각하며 이 책을 읽는 이에게는 아름다운 생각을 간직할 수 있으면 좋겠습니다.

이 책에서 얻은 지식과 영감이 열정이 가득한 지망생이든, 수집가이든, 단순히 귀금속을 사랑하는 분들의 삶을 가져다줄 수 있는 아름다움이 함께 깃들기를 바랍니다.

글을 정리하는 데 많은 도움을 주신 모든 분들에게 그리고 이 책을 읽는 모든 사람들에게, 이 여행에 동참해 주셔서 감사드리며, 귀금속 세공의 정신이 우리 한 사람 한 사람에게 깃들기를 기원합니다.

탄생석 생성과 세공기술

참고 문헌 및 사이트 정보

학회지 및 도서/사전

두산백과 참조
과학기술 지식 인프라 참조
*한국학술정보 [기본 광물*암석 용어집] 참조
*자유아카데미 [보석, 보석 광물의 세계] 참조
*대원사 [올 어바웃 주얼리 : 주얼리 세계의 모든것] 참조
*네이버캐스트 [지구과학 산책] 참조
*브리태니커 비주얼 사전 참조
*대한지질학회 [지질학 백과] 참조
*세화 [화학대사전] 참조

저자

박민수

 유년 시절부터 시작한 세공 업은 지금까지도 평생 업으로 생각하며, 지내고 있다. 2008년부터 2011년까지 전국 귀금속 기능경기대회에 귀금속공예 분야로 참가하여, 매년 수상하였다. <부·울·경 뉴스 보도국장>, <해양 환경연수원 교수>, <드비샤 귀금속 기술 이사>, <내 사랑 환경 보건 디자인 컨설팅 위원>을 역임을 하였으며, 현재도 꾸준히 많은 활동을 하고 있다. 그로 인해 부산시 경찰청장으로부터 감사장도 수료 받았다. 본지에서 언급되었던 세공을 바탕으로 특허를, 대한민국뿐만 아니라 일본, 중국에까지 출현하였다.

탄생석 생성과 세공 기술

저자명 : 박민수
출간일 : 2023.03.27
인쇄일 : 2023.07.07

출판사 : 힘찬 문서
주소 : 부산광역시 기장군 기장읍 차성동로45번길 7
기획 출판팀 : 051-747-8273
이메일 : debisha@naver.com

* 이 책은 본인의 서면 허락 없이는 어떠한 형태나 수단으로도 이 책의 내용을 이용하지 못합니다.
* 잘못된 책은 구매하신 곳에 연락하면, 바꾸어 드립니다.
* 책값은 뒤표지에 있습니다.

ISBN 정보 : 979-11-978224-4-5
도서 가격 : 12,000원

탄생석 생성과 세공기술